How High Alex

2. Auflage

Herausgegeben von Karl Fellmer

Entwurf und Gesamtgestaltung: Karl Fellmer

Cover Art: Benjamin Jackson, Pennsylvania, USA

Gestaltung / Bildbearbeitung: Florian Burghardt, Coop Grafikdesign

Korrektur / Lektorat: Karl Fellmer

Klappentext: Rosa, Berlin

Bibliografische Information der Deutschen Nationalbibliothek:
Die Deutsche Nationalbibliothek verzeichnet diese Publikation in der
Deutschen Nationalbibliografie; detaillierte bibliografische Daten sind
im Internet über dnb.dnb.de abrufbar.

© 2024 Karl Fellmer

Herstellung und Verlag:

BoD – Books on Demand, Norderstedt.

ISBN: 9783758313776

Inhaltsstoffe

Part 2

1. Das Jahr, in dem ich beschloss, alles anders zu machen

Wenn du eines Tages auf einem einsamen Autobahnparkplatz stehst und gedankenverloren in die dunkle Nacht blickst, ist es vielleicht an der Zeit, etwas Grundlegendes an deinem Leben zu ändern. Not macht erfinderisch, und die ist im Moment groß. Weder geht es vorwärts, noch will man zurück.
Ergo, beides sind keine wirklich erstrebenswerten Optionen.
Was also tun? Wie konnte es soweit kommen? Wie zum Teufel bin ich hier gelandet ... und noch spannender: Wie komme ich hier wieder raus?

In den letzten 15 Jahren meines Lebens habe ich versucht, den Spagat zu schaffen zwischen dem, was ich wirklich will, und dem, was andere in mich hineininterpretieren. Es gab einige Meinungsbildner, die nachweislich tiefe Spuren hinterlassen haben. Zum einen natürlich die Eltern, erzkonservativ, im und nach dem letzten Weltkrieg geboren. Eine Generation, die gelernt hat zu kämpfen und wieder aufzustehen, mehr als jeder C-Promi heute, der nach dem Rauswurf aus dem Dschungelcamp nicht mehr weiter weiß.

Eine Generation - leider auch soweit weg von der Entwicklung der letzten 20 Jahre und dem Land, in dem wir zur Zeit leben, dass es gar nicht verwundert, dass man zwangsläufig große Probleme hat, ihre Ratschläge und Weisheiten auf die heutige Zeit umzumünzen.

Hinzu kommt das Problem, dass beide Elternteile den Sozialismus vom Aufbau bis zur Wende erlebt haben. Der Kapitalismus ist ihnen fremd, oder besser gesagt, das Einfühlungsvermögen ist durch die Unkenntnis der aktuellen Verhältnisse stark eingeschränkt. Was bleibt, sind Ratschläge, mahnende Worte und gelebte Prinzipien, die sich eingebrannt haben. Zum Teil sind es Ketten der Fürsorge, die einen daran hindert, der Mensch zu sein, den man sein möchte.

Für diejenigen unter euch, die das Glück hatten, weltoffene und junge Eltern zu haben:
Stellt euch einfach vor, eure Großeltern wären eure Eltern. Eine gruselige Vorstellung, oder?
Also eins vorweg: Kinder, wenn man welche haben will, bekommt man idealerweise in den 20ern und frühen 30ern ... und dann hat man vor allem den Kindern einen Gefallen getan.
Selbstverwirklichungsjunkies sollten sich ernsthaft fragen, ob sie überhaupt bereit sind, ihr eigenes Leben längerfristig (so um die 21 Jahre) hinten anzustellen.

Allen, die sich Kinder wünschen, aber nicht den richtigen Partner finden, möchte ich eines sagen: Schränkt eure Ansprüche ein. Achtet auf Sympathie, Gefühl, Wärme.

Das Leben kann verdammt lang werden, und da ist es gut, jemanden an seiner Seite zu haben, mit dem es nicht langweilig wird. Was nützt der schönste Körper, wenn der Geist nicht mitspielt? Fördern und fordern ist hier die Devise. Das Ganze möglichst nicht einseitig.

Genug der Ratschläge, zurück auf die Autobahn. Wenn man in eine solche Situation gerät, heißt es vor allem: Ruhe bewahren, das Schlimmste kommt noch, aber ... es gibt Hoffnung.

Schließlich sitzt man nicht ohne Grund da, wo man gerade verzweifelt, und hat offenbar die außerordentlich günstige Eigenschaft, sein eigenes Denken und Handeln zu reflektieren. **Man ist sich also der Scheiße bewusst.**

Das setzt sozusagen schon gewisse kognitive Fähigkeiten voraus, möchte ich hier mal so frei sagen.

Gut, andere könnten jetzt sagen, wenn man wirklich so intellektuell gesattelt wäre, dann würde man nicht so blöd rumsitzen und nicht weiter wissen.

Sicherlich kommt in jedem Leben einmal der Punkt, an dem man sich fragt: Was mache ich hier eigentlich und warum?

2.   Aus dem wahren Leben übersetzt ins Deutsche

Was ist das für eine Welt geworden, in der Mütter ihre eigenen Töchter in erotischen Posen fotografieren müssen - und was denken die sich dabei?

Die Selbstdarstellung kennt keine Grenzen. Jeder bloggt sein Leben.
Jeder ein Ludwig der Zweite mit einem Neuschwansteinproblem im Kopf oder ein Ludwig der Vierzehnte im Versailleswahn. Euer Reich kann gar nicht schön und groß genug sein, Heil InstaHitler.

Richtig blöd wird es dann, wenn man im Urlaub niemanden dabei hat, der diese inszenierten Szenen festhalten kann.
Da fährt man sogar mit dem Freund und der besten Freundin in den Urlaub, nur um einen weiteren Assistenten dabei zu haben.
Das Licht muss stimmen und irgendjemand muss ja auch die Fresstüte für die meist dicken Bloggerinnen tragen.
Am Ende des Tages kackt ihr alle halbnackt in ein dunkles Loch, bis ihr selbst zu Wurmscheiße geworden seid.

Likes sind die neuen Lebensziele.
Freunde definieren sich über die Fähigkeit in den Arsch zu kriechen. Ich sitze hier am Strand und schaue mir das Spektakel von drei Typen an. Jungs, was ist los mit euch?.bis zum Pullover gestylt geht ihr los und wichst euch gegenseitig vor laufender Kamera einen runter.
Ein toller Strandtag ist das gewesen.

Aber diese 10 Minuten vor der malerischen Kulisse reichen dann auch als Erinnerung. Und jetzt schnell zurück ins DesignerHotel.

Was für eine oberflächliche Welt ist das geworden. Ganze Hotels werden entworfen, um diesem Lebensstil zu zu huldigen. Die Inneneinrichtung, das Essen und Trinken, alles, wenn möglich sogar das Personal, dient nur einem Zweck: Bilder und damit verbundene Emotionen, die sich verkaufen lassen. Sehr teuer natürlich. An andere Idioten, die sich lieber mit allem um sie herum beschäftigen als mit sich selbst und der Hoffnung erliegen, damit einen Mehrwert für ihr eigenes Leben zu schaffen. Buchungszahlen, darum geht es, ihr Opfer des inneren Konsums.

Der Kapitalismus bringt keine Menschen hervor, nur Gegenstände. Alles wertlose Scheiße, **das Streben nach Unglück in Perfektion.**

Yoga Dir diese Scheiße mal rein.
Aufstand am Frühstücksbuffet.
Laktosefreie, vegane Bio Eier bitte.
Das Fleisch DryAged und bloß kein Gluten.
Mein Opa denkt dabei an seine Zeit in Stalingrad und dreht sich noch mal im Grabe um.
.
Wann hört das auf?
Hat euch noch niemand gesagt, dass auf jeden nur der Tod wartet? Genießt das Leben und die Zeit, aber wirklich, scheißt in die Natur statt in Designerschüsseln und hört auf mit diesem spießigen, maßlosen Konsumleben der Oberflächlichkeit.

Fragt, wer ich bin, nicht was ich bin oder was ich habe. Natürlich ist Reisen cool, aber Reisen, Sport, Musik und Essen sind keine Charaktereigenschaften.
Mach mal das Telefon aus.
Für 12 Stunden.
Entzugserscheinungen?
Es wird Zeit, sich abzumelden.
Offline ist der neue Luxus.

Interessiert sich jemand für dich, wenn du in der virtuellen Welt nicht mehr existierst?
Wahrscheinlich nicht.
Wahrscheinlich nur die engsten Freunde.
Aber wer sind die?
Gibt es die überhaupt noch, wenn alle Stecker gezogen sind?
Mit 65 und dem Iphone 28 alleine auf der Couch sitzen.
Eine gruselige Vorstellung.

Bis dahin gibt es aber sicher virtuelle Welten, in denen man sich bewegen und treffen kann.
Die Typen, die jetzt hier am Strand zugefilterte Bilder sammeln, gelten dann als Dinosaurier der technischen Entwicklung.

Wenigstens das.

3. | Die unerträgliche Schwere des Nichtseins

Schreibblockade ... allein das Wort ist für mich schon so kompliziert, dass ich erst einmal im Duden nachschlagen muss.
Nachts um 1 Uhr jedenfalls.
Habe Cola statt Wasser getrunken und versuche nun verzweifelt einzuschlafen.
Das Thema des eigenen Buches geht mir immer wieder durch den Kopf.

Der Jahrmarkt der Gedanken rotiert, solange bis man sich aufrafft, noch einmal das Schlafzimmer verlassend, Richtung Wohnzimmer tappt, um sich seinen Laptop zu krallen. Mit diesem geht es dann wieder voller Tatendrang Richtung zurück ins Schlafzimmer, um etwas zu beginnen, von dem man nicht einmal weiß, wie es enden wird.

Wie so vieles im Leben ist der Anfang am schwersten. Wie schreibt man eigentlich ein Buch?

Wenn man schon damals im Leistungskurs Deutsch den Lehrer immer wieder mit kritischen Zwischenfragen zur Weißglut gebracht hat, dann sollte man doch auch so viel Herzblut haben, sich mit den großen Schriftstellern unserer Zeit zu messen.
Ein sympathischer Größenwahn.

Doch was sind große Schriftsteller?
Bücher wie „Ich bin dann mal weg..." und „Hummeldumm" führten in den letzten Jahren die Bestsellerlisten an.

Zugegeben, das sind treffende Lebensmottos, aber vielleicht auch nur ein Spiegelbild der Gesellschaft? Sicherlich sprechen wir hier nur von der Spitze des Eisbergs, aber ein Blick auf den aktuellen Nobelpreisträger für Literatur lässt auch für die Weltliteratur nichts Gutes erahnen.
Literatur scheint auch für die Weltliteratur nichts Gutes zu zu verheißen.

Die Werke des Literaturnobelpreisträgers 2012, des Chinesen Mo Yan, tragen Namen wie „Der kristallene Rettich" oder „Große Brüste und breiter Hintern" - bitte?!
Aber wer, wie ich, „Schreibblockade" googeln muss, der hat natürlich auch nicht so viel Hintergrundwissen, um zu wissen, worum es in diesen Romanen wirklich geht.
Wahrscheinlich geht es um die Geschichte des eigenen Landes, um Minderheiten, um Krieg. Aber ist gute Literatur immer ein Stück weit auch Geschichte?

Im Allgemeinen ist das Wissen begrenzt, oder besser gesagt, der Wille, sich Neues anzueignen.
Generation Suchmaschine verlässt sich auf die Logik: Ich muss es nicht wissen, ich muss nur wissen, wo es steht. Im Laufe der Zeit kann man sehen, wie eine riesige Welle der Verblödung auf die Menschheit zurollt, angeführt von der Suchmaschine Wikipedia.

Wissensspeichermaschinen wie Wikipedia oder soziale Auffangbecken für kurze, bedeutungslose Momente. Nicht einmal die Geburtstage der engsten Freunde muss man sich merken.
Wer nicht bei Facebook ist und dort sein Geburtsdatum eingetragen hat, bekommt eben keine Glückwünsche. Das sind zwar meist belanglose Einzeiler, aber sie geben einem insgeheim das Gefühl, nicht ganz allein mit sich und seinem virtuellen Connector zu sein.

Natürlich kann man das nicht nur negativ sehen.

Immerhin weiß man jetzt, was Christian gerade im Fernsehen schaut oder dass Alexander im Kino sitzt. Aber was sind das für Informationen, mit denen wir unser Hirn überschwemmen?
Es lebe das computerfreie Zeitalter.
Aber jetzt ist es auch zu spät, sich dagegen zu wehren, wenn man auf dieser Welle nicht mitschwimmt, verpasst man hin und wieder wichtige Neuigkeiten und kann beim nächsten oberflächlichen Smalltalk nicht mehr mitreden.
„Wie, das weißt du nicht? - Ich habe es doch gestern gepostet!"

Aber verlieren wir uns nicht zu sehr in diesem negativen Denken, schließlich ist das der Lauf der Zeit und jede Generation hatte ihre Last.
Unsere scheint nun der **soziale Gedankenmüll** zu sein, den wir unweigerlich jeden Tag, jede Stunde mit uns herumschleppen.
herumschleppen. Aber das ist nicht das Thema dieses Buches, es war nur die gedankliche Vorspeise.

Ich brauchte etwas, um meine Schreibblockade zu überwinden (musste schon wieder nachschauen), und was eignet sich da besser als **eine kleine Generalabrechnung mit der Menschheit.**

Durch mehrmaliges Drücken der Eingabetaste wird nun etwas Platz geschaffen und ich kann mit Stolz sagen: Seite 3 ist fertig, das war's, danke für die Aufmerksamkeit.

Woher soll ich auch wissen, wie das geht?
Es gibt keine Anleitung, wie man Schriftsteller wird, aber natürlich findet man bei Google über sechs Millionen Seiten, die einem erklären wollen, wie man Schriftsteller wird.
Am hilfreichsten finde ich die erste Frage auf der ersten Seite: „Was braucht man? Einen Zettel und einen Stift".
Sehr intelligent.

Das muss schon lange geschrieben worden sein, oder gibt es tatsächlich noch jemanden, der sich mit Papier und Stift bewaffnet an den Schreibtisch setzt, um Autor zu werden? Mir würde der Stift aus der Hand fallen, wenn ich daran denken müsste, das Ganze am Ende noch einmal ins Digitale übertragen zu müssen.

Auf jeden Fall möchte ich mich noch einmal bei meinem Deutschlehrer bedanken, der meine Kritik als Kritik an mir selbst und nicht am Buch verstanden hat und mich immer wieder auf den Boden der Tatsachen zurückgeholt hat.

Dass es für jedes Buch genau eine Interpretation gibt. Dass der Autor genau das gemeint haben kann, und dass es, wenn überhaupt, nur die Autoren wert sind, sich damit zu beschäftigen, die auch im Lehrplan stehen.

Ich hoffe, dass **„Große Brüste und dicke Ärsche"** es in den Lehrplan des Abiturjahrgangs 2024 schafft.
Solche abgedroschenen Schinken wie „Romeo und Julia" könnte man aus dem Lehrplan streichen.
Man weiß ja sowieso, wie das Drama ausgeht, und es stellt sich die Frage: Hätte Shakespeare überhaupt weiter geschrieben, wenn er gewusst hätte, dass ein gewisser James Cameron 200 Jahre später eine ähnliche Geschichte namens „Titanic" verfilmen und damit mehr Geld einspielen würde als mit seinem popeligen Theaterstück?

Sind wir wirklich immer so weitsichtig, Dinge auf ihren Nutzen hin zu hinterfragen?
Auf ihre Nachhaltigkeit? Kann aus der immer kürzer werdenden Befriedigungsspanne der Menschheit noch etwas Nachhaltiges entstehen?

War sich Shakespeare bewusst, dass er ein Stück Stück Weltliteratur zusammenbastelt?

Dank Google und Wikipedia weiß ich bisher nur
dass er die eigentliche Idee des Stückes von jemand ande-
rem übernommen und weiterverarbeitet hat.
Shakespeare - ein Copy & Paster?
Der Gutenberg des 16. Jahrhunderts? Ist alles Große in die-
ser Kunstwelt nur eine Kopie einer älteren Version? Bleibt
der Mensch mit dem, was er schafft, in seiner konditionier-
ten Blase stecken?

Für mich bricht eine Welt zusammen.

Erfurt, an einem arschkalten Oktobertag im Jahr 2012

4. Digitaler Dating Nomade auf Abwegen

Wie fühlt es sich an, sich Stück für Stück aus der digitalen Welt verabschiedet? Ein Selbstversuch.
Nach meiner letzten kräftezehrenden Beziehung versank ich in einem Sumpf aus Dating-Apps.
Manchmal sogar in Kombinationen aus beidem.
Schlampenmodus hatte es meine Ex-Freundin so treffend beschrieben.
Wir waren uns sehr ähnlich.
Zu ähnlich für eine Beziehung, aber den Schlampenmodus erreichten wir beide relativ schnell in der beziehungslosen Zwischenwelt.

Um die Leere in meinem Herzen wenigstens ein wenig zu füllen, war mir jedes Mittel recht.
Auch Frauen, die optisch und altersmäßig an der Grenze des Erträglichen waren, wurden akzeptiert.
Die Zeit, mit mehreren Frauen gleichzeitig zu schreiben und mich mit ihnen zu treffen, war nun ausreichend vorhanden. Der Wunsch nach seriösen, gut gelaunten Damen war eher gering.
Also rein ins Getümmel und raus mit dem Lümmel.
Die Welt der Möglichkeiten ist schier unendlich.
Heutzutage gibt es eigentlich nichts, was es nicht gibt und niemanden, der nicht irgendwie passt.
Egal wie man sich präsentiert, man wird immer einen Treffer landen.

Das Ganze endete für mich in Testspielen.
Mal war ich der liebevolle Liebessuchende, dann der reiche

Arzt, der einsame Wolf, auch das aggressive dominante Männchen.

Immer gab es Damen, die sich angesprochen fühlten.

Zu meinem Erstaunen sind die meisten Frauen zwar irgendwie auf der Suche nach Liebe und Beziehung, landen dann aber doch bei Partnerbörsen, wohl wissend, dass es dort nichts zu holen gibt, außer einem Blumenstrauß voller Schwanzrosen.

Ich hatte genug gesehen und erlebt.
Die Berichte darüber würden hier jeden Rahmen sprengen.
Es war Zeit für einen radikalen Schritt.
Etwas, das man heutzutage nur noch selten wagt.
Raus aus der optionalen Komfortzone und rein in die monogame Einbahnstraße.
Die ganze Energie, die man sonst in alle möglichen Richtungen und Löcher verschossen hätte, jetzt gebündelt, als **Master-Energiestrahl** auf eine Frau gerichtet.
Liebevoll fokussiert.
Das Ganze garniert mit einem echten Entzug aus dem oberflächlichen Kosmos, der sich tagtäglich auf meinem Smartphone abspielt.

Also los.

Meine Taktik: Ein billiges Handy besorgen, alle Apps, die mit anderen Menschen zu tun haben (und der Selbstdarstellung dienen), runter vom Handy und für die „Suchtmomente" aussortieren.
Ein kalter Entzug wäre sicher auch eine Möglichkeit gewesen, aber ich bin ja nicht auf Heroin und könnte beim nächsten Schuss sterben, also lieber erst mal die kontrollierte Reduzierung der „Droge".

Zwei Tage später ist natürlich alles irgendwie noch viel schlimmer geworden. Statt eines Handys schleppe ich nun zwei mit mir herum. Auf dem alten Handy funktionieren die neumodischen Apps einfach nicht so gut oder sind quälend langsam.

So kann man seine Sucht nicht wirklich befriedigen.

Am ersten Abend lief noch alles wunderbar, anscheinend in meiner Euphorie hatte ich mich in der realen Welt mit meinem besten Kumpel zu einer Lesung verabredet. Wenn man sich neuerdings für Literatur interessiert, muss man ja auch mal schauen, was die Konkurrenz so macht.

Ein kleines Hamburger Café, an der Bar schaut mich eine bukowskische Ex-Geliebte mit ihren Rotweinaugen so oft an, dass ich denke, ja, hier bin ich richtig. Überall **unrasierte Bücherwürmer** unterschiedlichen Alters in Gespräche vertieft, die das Leben bedeuten, bedeuten könnten, ja sollten.
Aber wahrscheinlich nur das übliche Dienstagsgeschwätz.

Also Rotweinglas her und rein in die gute Stube, nur durch einen Vorhang vom Rest der Kneipe getrennt.
Hier also, im hinteren Teil einer Ottenser Kneipe
im hinteren Teil einer Ottenser Kneipe, bei dezentem Barklirren und Kerzenschein, einer von seinen Reisen erzählen.
Einer dieser Aussteiger.
Einer von diesen „Ich kündige alles, was ich habe, in München".
Allein München. Eine Stadt, in der sich nur die größten Arschlöcher wohl fühlen. Die Lederhosenträger vielleicht noch, die haben das irgendwie im Blut, das Leder auf der Haut, das nichts durchlässt, nicht mal Scheiße.

So ein Hämpfling wie der, der da vorne sitzt, der hätte es in München nie lange ausgehalten. Ein Wunder, dass er erst mit 37 reißaus genommen hat.
Dann aber gleich richtig, rauf zum Himalaja sollte es gehen.

Der Rest, man ahnt es, wurde eine Weltreise.
Das Buch, das den so allumfassenden Namen „Weltherz"
trug hätte nach seinen Erzählungen eigentlich
„Weltschmerz" heißen müssen.

Na ja, immerhin hat er es dann über Umwege in irgendein
total hippes Kloster geschafft und hat sich da zum ersten
Mal gefragt, was er da eigentlich macht, unterwegs, weit
weg von der Weißwursthochburg und so.
Dass immer alles so extrem sein muss.
Raus aus dem Moloch der Großstadt, um dann direkt wie-
der von einem Highlight ins nächste zu stürzen.
Ich frage mich, wie viele auf diesem Weg zur Erkenntnis
wirklich erfrieren, verbluten, von einer Krankheit dahinge-
rafft oder einfach erschossen werden.

Er war wirklich kein guter Unterhalter.
Auf dem Foto auf seiner Homepage war er mir am Nachmit-
tag noch richtig unsympathisch, mit diesem pathetischen
Blick nach oben, von schräg unten fotografiert.
Hätte ich ihn jetzt fotografiert, wäre ich auf das Dach dieses
Cafés geklettert und hätte ihn dann aus größtmöglicher
Entfernung fotografiert. Indem ich versuche, ein bisschen
nach oben zu springen.
Aber gut, es ist sein erstes Buch, seine erste Lesereise, und
abgesehen davon, dass er kein guter Verkäufer ist, hat er es
einfach schon geschafft. Hut ab. Möge der Geldsegen der
Buchhändler dir ein Leben in deiner neuen Heimat Lissa-
bon ermöglichen.
Portugal natürlich, wo sonst.

Der Abend war schön und mein Handy dank der deinstal-
lierten App auch sehr ruhig.
Danach gab es Pho Bo, warum ich die vietnamesische
Hipster-Suppe bisher nicht zu meinen Lieblingsgerichten
gezählt hatte, wusste ich auch nicht. In den letzten Tagen
hatte ich sie schon dreimal inhaliert.

Dem Obdachlosen, der die Straßenzeitung verkaufte, steckte ich gönnerhaft etwas Geld in die Tasche und die Gespräche auf dem Heimweg waren ehrlich, echt und greifbar.
Echte alte Freunde sind schwer zu ersetzen.

Der nächste Tag begann spät. Später musste ich wieder in die Nachtschicht und konnte mich nicht so richtig motivieren, etwas zu tun. Der Regen und die dunklen Wolken taten ihr Übriges.

Langeweile überkam mich und der Griff zum digitalen Endgerät war zu verlockend. Vier Stunden, ein paar Bilder und einen anonymen Samengruß nach Dresden später musste ich auch schon los und die Nacht war wie der Tag, ein Schatten seiner selbst.
Das Experiment war damit frühzeitig beendet.

5. | Ernten, was man sät

Eigentlich ist alles gut.
Aber eigentlich macht man sich das Leben kaputt.
Immer und immer wieder.

Die Regeln sind Jahrtausende alt und sie alle gelten und versprechen nicht nur ein besseres Leben. Sie halten es auch.
Ja, wenn man sich nur daran halten würde.

Die Bomben die explodieren sind selbst gelegt,
absichtlich den roten Faden durchschnitten,
obwohl der blaue der richtige gewesen wäre.

Was ist der Teufel in uns?
Die dunkle Seite.
Wo ist die gute Seite, wenn man sie braucht?
Warum sind wir auf dieser Seite taub?
Warum klopft es manchmal so laut an die Tür der Vernunft?
und warum sind wir so schwach?

Ein kleiner, schwacher Mensch auf der Erdkugel, in den unendlichen Weiten des Weltalls. Und wenn ja, für wen?
Für die Erde, aus der man kommt und wieder geht?

Ernten, was man sät.

6. St. Georg

Nachts, wenn der Mond erscheint und die Sterne wie Galaxien der Unendlichkeit eine Dimension geben, erscheinen die Geister der Lust.

Sie spiegeln sich in euren Gläsern, die ihr zum Himmel streckt, und stoßen auf euch an.

Auf den Tag, auf das Leben! Zwischen all diesen Geistern zu wandeln, ist wie im Meer zu schwimmen.

Der Existenz beraubt, irren sie ziellos durch die Nacht.
Finden nicht, was sie suchen und geben sich mit weniger zufrieden. Füllen ihren Geist mit Müll und ihre Kehlen mit Branntwein.
Sie brennen nicht. Sind taub und stumm.
Kein Funke wird je ihre Seele entzünden.

Der Schreck, der dich durchfährt, ein Hilferuf deiner gequälten Seele, die erlöst werden will.

Du springst von Goodie zu Goodie, but you`re going to hell.

7. | Die zweite Hand

Zwei Körper, die sich ineinander schmiegen,
doch nur zwei Hände, die da offen liegen.

Sie waren jung, zu naiv, es zu verstehen.
Was wohl noch kommt,
aus ihnen werden?

Zwei Seelen, gleich dem anderen und doch so fremd.
Diese Begegnung, welch ein Segen,
der Liebe Fluch.

Dieser Moment voller Glück,
Ja! Diese Hände wie sie miteinander spielten.

Aus dem Glück wurde Kraft.

Für sich allein, kein Happy End,
der Applaus bleibt stumm.

Etwas fehlt.

Die zweite Hand.

8. | Karussell des Lebens

So wie es ist, ist es nicht gut.

Nie ist etwas gut, und wenn es gut ist, ist es bald wieder schlecht.

Was du sein willst, kannst du nicht werden.
Was du wirst, willst du nicht sein.

Dann hängt man in der Luft wie ein abgestorbener Zweig an einem Baum im Frühling.

Disziplin ist Mist.

Sie nimmt dir die letzte Luft zum Atmen, zum Denken.
Zeit, die im Karussell des Lebens ohnehin knapp ist.

Man behängt sich mit allemn bis ein Ast bricht.
Lametta für die Tanne, die immer mehr Nadeln verliert.

9. | Frühstück mit Nutten

Kiezbäcker. St. Pauli.
Eigentlich gab es hier gar keine Nutten.
Der Kiez ist von Sonntag bis Donnerstag so langweilig wie
ein Dorf in Oberbayern.
Man kennt sich, man grüßt sich. Die Uhren gehen nicht so
schnell, wie man es hier gewohnt ist.
Meine Lippen hängen an einer Tasse Tee.
Ob diese Tasse schon an vielen Hurenlippen gehangen hat?
Und wenn ja, wie viele Schwänze hatte sie wohl schon im
Mund gehabt? Wie viele unrasierte, ungewaschene Tou-
ristenschwänze berührten wohl gerade meine Lippen? Bei
diesem Gedanken kribbelte es in meinen.
Gut möglich, dass es nur der Pfeffer vom Eierbrötchen war,
aber es fühlte sich an wie eine explosionsartige Herpesin-
fektion.

Die Dame hinter dem Tresen hatte definitiv genau so ein
Andenken. Groß und blutig pulsierte die Wunde auf der
Oberkante Ihrer Lippen. Sie war weiß Gott keine Schönheit,
aber heute besonders unansehnlich.
Sie sah aus, wie ich mich fühlte.
Ich flüsterte ihr meine Bestellung zu, sie musste mehr-
mals nachfragen. Mein Nuscheln und ihre Schwerhörigkeit
gingen eine fast liebevolle Symbiose ein. Wäre es nach uns
beiden gegangen, wären wir jetzt sicher nicht hier.

Ich selbst bin um 7.47 Uhr aufgewacht.
Der Wecker meines Telefons muss zu diesem Zeitpunkt
halbe Stunde das Lied „Shooting Stars" gespielt haben.

Ich übersetzte es in diesem Moment mit „Erschiße alle Sterne". Zu diesem Zeitpunkt war eigentlich schon Hopfen und Malz verloren im Kampf gegen den Termin, die Zeit, den Berufsverkehr und meine Motivation. Ich schüttelte mir die Nacht aus dem Leib und nahm es trotzdem, dieses tägliche **Waterloo des kleinen Mannes.**

Für alles andere als das Nötigste war keine Zeit mehr. Ich stieg ins Auto und wie kleine, gemeine Zeitteufel lachten mir die roten Zahlen auf dem Zifferblatt in die Augen. Selbst wenn ich alle Schallmauern durchbrechen würde, ich würde es nicht rechtzeitig schaffen, das ahnte meine innere Uhr in diesem Moment. Ich flog ungeduscht und unrasiert über die Autobahn Richtung Hamburg und wunderte mich zeitweise, dass es tatsächlich Idioten gibt, die in Baustellen noch schneller fahren als meine 120 km/h. Dann stand ich doch ein paar Mal kurz im Stau, holte irgendwie Zeit auf, ärgerte mich maßlos, dass ich kurz vor dem Ziel an der Tankstelle nachtanken musste und fühlte mich in diesem Moment wie einer dieser Formel-1-Fahrer, die sich mit ihrer Boxenstrategie verzetteln und dann doch kurz vor dem Ziel noch einmal an die Box müssen, um das Rennen auf einem guten Platz zu beenden.

Hamburg empfing mich mit einigen roten Ampeln und dem Gefühl, nicht wirklich hierher zu gehören. Bei den Menschenmassen an den Straßenrändern frage ich mich jedes Mal, wie man so eine riesige Horde selbstdenkender Rindviecher so dressieren konnte, dass sie tagtäglich durch die grauen Betonklötze von **Kaninchenstall zu Kaninchenstall** huschen, ohne sich zu fragen: Was mache ich hier eigentlich? Und das hier ist nur die entspannte Nachhut. Die ganz Harten sind schon ab 6 Uhr oder noch früher unterwegs, um ihrem Beschäftigungstrieb nachzugehen.

NNatürlich kam ich nicht pünktlich an, aber mit einem Sprint durchs Treppenhaus konnte ich den nächsten Termin noch überholen und schaffte es schließlich doch noch.

Sprung durch die Tür.
„Was? Zu spät?
Jetzt bin ich doch da!
Bleib einfach sitzen!
Gib' mir 5 Minuten, dann klären wir das."
Augenzwinkern, Augenzwinkern.
Mein Lächeln und der dominante Augenaufschlag klärten alles.
Wenn du einen schwulen Berater hast, hast du gewonnen.
Ich spürte bei jedem Wort, das er sagte oder eher stöhnte, dass er heimlich seine **Eichel am Bein** rieb.
Vielleicht nahm er auch seine Hand.
Jedenfalls waren beide Hände die ganze Zeit unter dem Tisch und er röchelte unverständliches Zeug.
Der Termin konnte nicht schnell genug vorbei sein.

Für so einen Scheiß auf der Autobahn sein Leben zu riskieren, stand jedenfalls in keinem Verhältnis zu gar nichts.
Ich erwache aus meinem gedanklichen Traum, nippe an meinem Schwanztee und beiße in mein Franzbrötchen.
Der Typ vor mir röchelt die ganze Zeit.
Vielleicht weint er auch.
Jedenfalls schaut er mich die ganze Zeit so komisch an.
Nein, ich korrigiere mich.
Er weint auf jeden Fall.
Der Kiezbäcker auf St. Pauli an einem Mittwochmorgen, wenn einem alles wieder bewusst wird.
Jetzt lacht er.
Paranoide Welt.
Recht hat er.

Einen Tisch weiter sitzt ein Typ, den man getrost als echten Luden bezeichnen kann.
Groß, breit, kräftig, die Haare zu einem Zopf geflochten und auf der Kapuzenjacke prangt das Logo einer bekannten

Motorradmarke.

Wieder einer, der als Kind zu wenig Liebe bekommen hat.

Er meint, er habe die nächsten Tage frei, er habe es sich verdient, ist sein lapidarer Kommentar in den Raum.

Ich frage mich, wer das gerade wissen wollte.

Hamburg, meine Perle.

Hier redet jeder mit jedem und keiner mit dir.

Ein Wunder, dass mich hier heute Morgen noch keiner angesprochen hat, so wie ich da sitze, mit Hemd und Krawatte. Wenn die Musik nicht so gruselig aus dem Radio dröhnen würde, wäre das hier ein fantastisches Schauspiel.

Vielleicht ist es gerade deshalb so.

Als ich vorhin vor der Bank anhielt, schlief ein Penner im Regen.

Eine halbe Stunde vorher sah ich einen auf dem Bürgersteig liegen, verwirrt und durchnässt. Wie alle anderen fuhr ich einfach weiter, den Krankenwagen im Rückspiegel.

Großstadtblues.

Da brechen Weltenwellen über einem zusammen.

Auf geht's.

Noch einmal kurz zum Hafen.

Wasser beruhigt und spendet Trost.Laufen.

Spüre nichts von dem, was so allgemein die schönste Stadt der Welt genannt wird.

Hier bin ich heute nicht und die Zeit wird knapp.

Besser, ich steige wieder ins Auto und drehe die Heizung auf.

Der nächste Termin ist in der Hipster-Hochburg Schanze.

Café Elbgold. 11:30 Uhr.

Der Raum ist keine 100 Quadratmeter groß und liegt abseits der Touristenpfade. Jetzt hier einen Platz zu finden, ist so wahrscheinlich wie der Aufstieg des HSV.

Was wollen die alle hier?

So kurz nach 13 Uhr?

Das sind wohl alles Einheimische, die in den letzten Tagen
so viel erlebt haben, dass es sich in dem Raum anfühlt wie
im Gehirn eines Schizophrenen.
All die Stimmen.
Der Kaffeegeruch.
Dieses **Burnout-Beschleuniger-Wasser.**

Auf einer Hühnerfarm wäre es ruhiger.
Auf jeden Fall wäre mehr Platz.
Mein Zustand hat inzwischen ausfallerscheinungsähnliche
Momente der Unklarheit.

Ein Porsche hält vor dem Geschäft.
Der Geschäftsmann kann kaum aussteigen, so dick ist sein
Bauch.
Die goldene Uhr an seinem Armgelenk blendet mich.
Meine Verabredung erscheint und ich mache unmissver-
ständlich klar, dass mich hier heute keine zehn Kaffeesa-
cklamas aus den peruanischen Anden reinlassen.
Die gute Laune ist dahin, meine Nerven entspannen sich.
Ein kleines Café um die Ecke ist das neue Ziel.
Eine Holztheke, eine Kaffeemaschine, zwei bärtige Typen
mit Mütze hinter dem Tresen, Biokaffee und sieben Leute
mit Laptops.
Wie zur Hölle bin ich in New York gelandet?
War ich am Flughafen?
Ein dunkles Brot mit Gemüse, bitte.
Irgendwie schmeckt alles nach gesundem Nichts.
Ist das afghanische Minze?
Der Teebeutel von Aldi schmeckt besser.

Mein Outfit ist mir mittlerweile egal, hier scheinen sowieso
alle der Zeit voraus zu sein, so uneinholbar cool und au-
thentisch.
Ich gebe mir keine Mühe mehr.
Habe heute schon zu viel erlebt und zu wenig geschlafen,
um das alles mit logischem Denken erklären zu können.

Der Typ neben mir checkt schon seit einer halben
Stunde seine E-Mails.
Ich frage mich, was für geschäftliche Mails dieser Hooligan
mit tätowierten Fingern wohl bekommt.

Je länger ich hier sitze und mir die Yogaprobleme meines
Begleiters anhöre, desto unerträglicher wird das ganze
Schauspiel.
Ein Laptop geht, der nächste setzt sich.
Warum arbeiten die nicht zu Hause oder im Büro?
Hier gibt es nur unruhige, ungemütliche Plätze und keine
Steckdosen.
Ein Blick auf die Uhr sagt mir, dass ich gehen muss.
Der halbe Tag ist vorbei.
Für heute reicht es mir.

10. | Kraft des Schmerzes

Ich sitze auf dem Boden des Badezimmers.
Meine Seele schreit, hofft und macht ihrer Verzweiflung
Luft. Das Gefühl der Ohnmacht kommt näher.
Wie soll ich mich verhalten?
Ein Nebeneinander ohne Miteinander.
Wie weit kann man die eigenen Ansprüche herunterschrau-
ben?
Was kann man aushalten, ohne zu ertrinken?
So weit gekommen und dann doch ein emotionaler Krüp-
pel, gefesselt an das Wohlwollen eines anderen.
Ein Prozess.
Loslassen lernen, ohne zu gehen.
Bei sich bleiben und doch alles geben.
Eine übermenschliche Aufgabe.
Wie bin ich nur so weit gekommen?
Warum ist es nicht einfacher? Wo soll es enden?
Ein Ende?
So unrealistisch wie der Ausweg aus der Sucht.
zu entkommen.
Es liegt nicht mehr in meiner Macht.
Gefühle bestimmen mein Denken und Handeln, irgend-
wann geht es sicher vorbei, das war immer meine Hoffnung.
Ist es immer noch.
Nur diese Zeit überstehen.
Die rosa Wolken verziehen sich wieder.

Dann kommt der klare Himmel.
Aber was ist, wenn nichts mehr da ist?

Ist es besser, es zu lassen?
Ein Leben ohne Liebe?
Ist es am Ende nicht lebenswert?
**Ist das Liebe oder doch nur überflüssige Energie, die
Distanz bekämpft.**

Also durch, durch, Helm auf und Rüstung an.
Der Drache mit dem großen Herzen kann gar nicht so viel
Feuer speien, dass er die Stürme der Zeit nicht übersteht.
Fließen lassen, loslassen, nicht anbieten, nicht hinterher-
laufen, an das Gute glauben, überhaupt glauben, denken,
atmen!

Der Kopf, das Herz.

Beides irgendwann Staub oder Madenfraß.
Das ist der Punkt.
Es gibt nicht viel zu interpretieren.
Vor mir Millionen Legionen von Gefühlen, nach mir das
gleiche Spiel.

Die Kraft des Schmerzes ist unendlich.
Honigsüßer Nektar der Energie.

11. | Schweden und die Frauen oder so

Da war es also, Schweden. Kleine Reise, große Wirkung.
Am Sonntagabend vor der Abreise sitze ich mit 180 Puls zu
Hause und kann mich kaum bewegen.
Zu viel Kaffee, keine Frage.
Ich fühle mich, als käme ich von einem Drei-Tages-Trip
runter. Kälte. Afterhour-Feeling.
Normalerweise wäre jetzt ein Joint fällig.

Das alles ist lange her.
Geblieben ist der Blick in den Spiegel.
Diese großen Pupillen, wo kommen die plötzlich her?
Herr Jekyll, da ist er, Dr. Hyde.
Keine Sorge, der verschwindet wieder.
Das Packen zieht sich.
Eigentlich passiert gar nichts.
Wenn sich das Gedankenkarussell einmal dreht, findet man
nur schwer den Ausstieg.
Ich hätte mich schon vor Stunden hinsetzen und dem
Schreibfluss freien Lauf lassen sollen.
Natürlich ist nichts passiert, gar nichts.
Das Auto nicht gepackt, die Wohnung nicht aufgeräumt,
das sind auch Aufgaben.
Wie viel Zeit verbringt man überhaupt im Leben mit diesem
Schwachsinn.
Ich sollte mir eine Putzfrau besorgen.
Moment mal, das Ganze wäre besser ohne Putzfrau - eine
Frau sollte her.
So eine Hausfrau.
Entspannt und pflegeleicht.

Warum müssen die heutzutage alle studieren und Karriere machen? Es gibt keine einfachen Geschöpfe mehr, die man bügeln kann und die bügeln können.
Was ist überhaupt aus den Frauen geworden?
Emanzipation.
Da wird eine ganze Generation umprogrammiert.
Nicht mehr der Mann ist das starke Geschlecht.
Frauenquote hier, Frauenparkplatz da.

Am Ende des Tages liegen sie im Bett neben ihrem lieben, treuen und fürsorglichen Mann und lesen graue Softpornoscheiße, bis der Mann sich an das Tier in sich erinnert.
Aber sich doch nicht traut.
Das Tier in uns untergegangen.
Den Männern wird die Aggressivität ausgetrieben. Die wenigen, die es noch gibt, werden als Rebellen gefeiert.
Verzweifelte Helden.
Pumpen sich mit Muskeln auf, tätowieren Ihre Körper und spielen die harten Jungs.
Wer streichelt diese Herren eigentlich in den Schlaf.

Es wird Zeit die Sachen zu packen, heute werde ich wohl nicht mehr zum Tier.

12. | Französische Bulldogge

Hamburg, Harburg.

Eine Wasserskianlage an einem schwülen Sommertag.

Schlechtes Parfüm steigt mir in die Nase.

Das Schnitzel für 10,50 Euro inklusive Beilagen vervollständigt die Geruchsatmosphäre.

Schon sehe ich den Grund für meinen **Geruchsgulasch.**

Ein arrogantes Arschloch mit einer französischen Bulldogge im Schlepptau nähert sich. Der Platz füllt sich und ich habe große Lust, den schwatzenden und philosophierenden Menschen die Pommes in den Mund zu schieben. Es gibt so viel Dummheit auf der Welt, so viel Oberflächlichkeit, so viel Arroganz, so viele Gespräche über nichts, absolut nichts. Wiedergabe von Informationen, die man irgendwo aufgeschnappt hat. Interessantes Halbwissen, über das eine angespannte Diskussion entsteht. Keiner weiß wirklich etwas, aber jeder hat etwas zu sagen. Es entsteht: **Gedankenmüll.**

Fern jeder Klarheit. Dazu noch ein paar persönliche Anekdoten und dann ... könnte man sich das ganze Gespräch eigentlich sparen.

Die arrogante Bulldogge trägt ein verwaschenes blaues T-Shirt, das kaum seinen Bierbauch verdeckt.

Er ist definitiv Single, das T-Shirt ist wahrscheinlich noch nie gebügelt worden, vielleicht bügelt er auch die Dogge. Irgendwie scheint bei ihm alles möglich.

Woher haben solche Leute ihre Arroganz?

Aus der Erziehung?

Wurden sie ihre ganze Kindheit lang mit den Worten „Du

bist der Größte!" gestreichelt?

Jetzt sitzt er mir gegenüber. Toll, komm noch näher, mit
deinem Pickel am Hals und deinen gegelten Haaren.
Die Hitze tut meinem Kopf weh.
Normalerweise bin ich netter zu meinen Mitmenschen.

Mal sehen, was es sonst noch zu entdecken gibt. Das Pär-
chen da vorne am Wasser sitzt schon eine ganze Weile.
Sie durchtrainiert ohne Getränk. Er schon mit prächtigem
Bauchansatz gesegnet und das zweite Bier in der Hand. Was
sie von ihm will? Ihr Arsch ist gut, ihr Körper ist gut, die Si-
tuation unklar. Das Bier ist leer, sie gehen. Er vorneweg und
würdigt sie keines Blickes. Sie trottet brav hinterher. Das ist
es also. **Szenen einer Ehe.**

Die verwaschene Bulldogge hat inzwischen den Schnitzel-
teller, den sie vorhin erschnüffelt hat, bekommen und in
kürzester Zeit verschlungen. Das Weißbier oben drauf. Der
Typ hat definitiv noch kein Problem mit sich und seinem
Körper, besucht keine Biosupermärkte und hat kein ge-
steigertes Interesse an Schonkost oder kohlenhydratarmer
Ernährung.

Ein ganzer Kerl eben.

13. Werbeprospekte

Wer nimmt sich schon die Zeit, all die Prospekte durchzusehen, die jede Woche im Briefkasten landen.
Bei dem Selbstversuch dauert es nun schon zwei Stunden und noch nicht einmal die Hälfte ist geschafft. Wie groß ist die Marketing-Abteilung bei Aldi? Wie viele Grafiker arbeiten dort? Der Prospekt hat die Ausmaße einer regionalen Tageszeitung, aber in Farbe und auf Hochglanzpapier. Hat bei all den Dieselskandalen in diesem Land schon mal jemand darüber nachgedacht, wie viele Bäume für diesen wöchentlichen Konsumwahnsinn gefällt werden? Menschliche und materielle Ressourcen werden für den absoluten optischen Kaufrausch vergeudet.

Wenn einem sonst nur in großen Supermärkten schwindlig wird, kann man zu Hause vor lauter Angeboten schon fast ins Koma fallen. Es gibt nichts, was es nicht gibt.
Oktopusarme von Deluxe, der Edelmarke von Lidl im Weihnachtsprospekt. Warum nicht dieses Jahr mal keine Würstchen mit Kartoffelsalat, **Octopussy Baby!**

Überall rote Preise, so weit das Auge reicht. So viel Rot, dass man keinen Marker mehr braucht.
Es springt einfach ins Auge, kriecht den Sehnerv hoch und manifestiert sich im Gehirn. Jede Seite, jedes Angebot ein Schnäppchen. **Ich bin Kunde hol mich hier raus.**

Überhaupt Kunde.
Was ist das für ein Begriff.
Melkschwein wäre passender.

Überall werden neue, bessere und größere Supermärkte aus dem Boden gestampft. Für wen eigentlich, warum nicht auch für Schulen? Wer soll das alles kaufen und was passiert mit den Sachen, die nicht mehr verkauft werden können, weil sie das Mindesthaltbarkeitsdatum überschritten haben?

Was für ein Wahnsinn und all die Werbeprospekte die **Wochendiagnose** auf Papier.

14. | Relativitätstheorie

Fickst du sie, liebt sie dich.

Liebst du sie, fickt sie dich.

15. | Fensterplatz

Immer wenn es regnet, muss ich an Dich denken.
Lalala.
Das Gewitter fegte über mich hinweg.
Der Sturm trieb die Schauer wie Gischt vor sich her.
Donner und Grollen.
Immer wieder peitschten Wellen kleiner und großer Regen-
tropfen gegen meine Fenster.
In diesem Augenblick sah ich Dich lebendig vor mir.
Dein Lächeln, Deine Augen, Deine Stimme, Dein Geruch.
All diese Momente der Ruhe und Zufriedenheit.
Die Zeit mit Dir war ein Sturm des Lebens.
Ich machte mir Sorgen.
Wo bist Du jetzt, wie geht es Dir?
Ich hatte Dich wochenlang nicht gesehen.
Blicke aus dem Fenster. Graue Wolken.
Es war Liebe, keine Frage.
Ich öffne das Fenster.
Tropfen fallen in mein Gesicht.
Ich genieße den Augenblick mit dir.

16. | Kornkreise

Vegetarier, Veganer, Yogatrainer, Foodblogger und jetzt auch noch Meditationsübungen vom Typen mit der Mütze.

Der ständige Optimierungs- und Lebensverbesserungswahn ist krank. Typisch moderne Wohlstandsgesellschaft. Sonst keine Probleme. Was soll man auch machen, wenn das mit Unterkunft und Verpflegung klappt, man um die 30 ist und keine Kinder hat.

So ein Tag nur mit sich selbst kann lang werden und ständig verreisen, um sein Instagram-Fotoalbum zu füllen, kann man auch nicht.
Wie soll man da nur sich selbst genießen können, so ganz allein am Ende des Tages, ohne diesen ganzen Scheiß.
Wie soll überhaupt eine Beziehung länger halten, wenn man schon seinen eigenen Ansprüchen nicht gerecht wird.

Der kollektive Wahnsinn des „Du bist nicht gut genug, da geht noch mehr, hol alles aus dir raus" Kapitalmarktes und alle rennen hinterher wie die Teenies bei Justin Bieber oder ganz in schwarz gekleidete Frauen mit grauen Haaren und runden Sonnenbrillen vor dem Berghain.
Was ist eigentlich aus dem Zopf der Männer geworden?
Ach ja, der Vollbart.
Das Leben ist ein Hype und du bist der Mitläufer.
Es geht ums Geld und darum, dass man in diesem System Bedürfnisse schaffen muss, damit das Kapital in Bewegung bleibt.
So einfach zufrieden?

Auf keinen Fall.

Das kann nicht sein.

Das darf nicht sein. Glücklich sein kann man nur mit irgendeiner Aktivität oder etwas Neuem.

Aber genug geredet.

Ich kaufe mir jetzt einen Curved OLed 4K Fernseher und dann setze ich mich davor, esse mein vegetarisches Wurstbrot und meditiere für ein besseres Ich-Gefühl. ... und noch etwas zu den Kornkreisen:

SIE SIND NICHT ECHT - also doch echt, handgemacht eben. Von schlauen Menschen, die noch schlaueren Menschen den Mist als magische Energie verkaufen, gegen Eintritt natürlich.

17. | Zu viele Lachssorten

Ich stand im Supermarkt, den Brokkoli in der Hand, auf der
Suche nach dem richtigen Lachs fürs Frühstück.
Ich konnte mich nicht entscheiden, wie sie damals.
Alles lag fein säuberlich sortiert vor mir und ich brauchte
nur zuzugreifen. Sie lag dazwischen.
Nicht das schönste Stück, aber ich wusste, es würde mir am
besten schmecken.
Ich hatte schon ein paar Mal probiert, war ihr verfallen.
Schlimm, wenn man sich bei so vielen Lachssorten nicht
entscheiden kann.
Ich nahm das größte, das billigste Stück und lief los.
Alles begann sich zu drehen.
Um mich herum Menschen wie Statisten in einem Film.
Ich kam bis zur Tiefkühlabteilung.
Dann war es mir klar.
Dieser Lachs kann es nicht sein.

Ich hatte sie liegen lassen, mich von dem Angebot ver-
führen lassen. Ich ging zurück und legte das falsche Stück
zurück.
So wollte ich nicht weitermachen.
Viel zu spät ging ich zu ihr.
„Ich kann das jetzt nicht mehr gebrauchen" waren ihre ein-
zigen Worte. Es regnete in Strömen.
Ich stieg ins Auto, wusste, dass ich dieses Stück Lachs nie
wieder kaufen konnte und blickte ein letztes Mal zurück.

18. | Schlaflose Nächte

Sie raubten mir den letzten Nerv und natürlich den Schlaf, obwohl ich mit dieser leichten, bleiernen Müdigkeit und einem guten Buch rechtzeitig ins Bett gegangen war.
Der erste Versuch scheiterte.
Gut, dann noch eine Kippe und das Buch war auch schon zu Ende gelesen.
Wichsen half auch nicht.
Das dritte Mal war schon anstrengender als alles andere.
Mittlerweile war es fast vier Uhr.
Zum Glück war das Jahr schon so weit vorangeschritten, dass es jetzt nicht auch noch hell wurde und die Vögel anfingen, hämische Morgenlieder zu singen, die alle so klangen wie „ein schöner Tag, die Welt steht still, ein schöner Tag".
Wie ich diesen Gesang in solchen Situationen verfluchte.
Irgendwann im Sommer würde ich mich mit einem Luftgewehr auf die Lauer legen und einem nach dem anderen die Kehle durchschießen, um dann in aller Ruhe den Sonnenaufgang zu genießen und leise vor mich hin summend ins Bett zu gehen: „Die Welt steht still, ein schöner Tag".

19. Supersub

Nickerchen am Nachmittag.
Eher Abendnickerchen bis 21 Uhr.
Dann Handy an.
Die eine schrieb: „Wann kommst Du jetzt?"
Die andere: „Wann kann ich mit Dir rechnen?"
Hank war genervt. Warum hatte er sich schon wieder darauf eingelassen? Die zweite Nachricht konnte er nicht ignorieren. Zu lange hatte er sie vor sich hergeschoben. Es war an der Zeit, wieder nachzusehen, was los war. Dieses BDSM-Girl war schwierig zu handhaben. Eigentlich ganz süß und nett, aber ihre Spielzeugkammer, wie man ihr Schlafzimmer nennen könnte, war besser ausgestattet als der Folterkeller eines Swingerclubs. Sicher, die Sache hatte ihren Reiz, aber Hank war zu unerfahren, sicher auch ein bisschen sadistisch veranlagt, aber so ausgeprägt war seine Lust auf Schmerz doch nicht. Oder doch? Er wollte es herausfinden. **Grenzerfahrungen sammeln.** Erst einmal ein Bier und einen Schluck Rum. Er konnte sich vorstellen, etwas Gewaltiges in sich zu verbergen, aber wie entfesselt man diese Bestie? Wo kommt es her? Noch ein Schluck Rum. Er hoffte auf die enthemmende Wirkung des Alkohols. Seiner Stimmung tat der Alkohol jedenfalls keinen Abbruch.

Etwas Gewalttätiges löste Ihre Art in Ihm aus, keine Frage.

Nach der letzten Begegnung war sein Schwanz zerbeult und sein Rücken zerkratzt. Die Vorstellung, sie gefesselt und wehrlos vor sich liegen zu sehen, war nicht die schlechteste.

Noch ein Schluck Bier. Läuft gut die Kehle runter. Er schreibt ihr: „Bin in 30 Minuten bei dir. Sie antwortete knapp und leicht genervt. Kein Wunder, hatte sie doch über 4 Stunden auf diese Information gewartet. In der Zwischenzeit war ihre Vorfreude sicher schon über den Zenit hinausgeschossen.

Hank war es egal, sie war ihm egal.

Er brauchte dringend Gesellschaft. Sie wohl auch. Leidensgenossen im Geiste. Gewalt als **erlösende Begegnung der Traumatisierten**.

Diese einsamen Tage brauchten einen kurzen Moment der Menschlichkeit. Noch ein Schluck Bier. Hank beeilte sich nicht, er wollte in Ruhe duschen.

Sie war ein gieriges Stück, schöner runder Arsch, kleine feste Titten.

Irgendwas musste mit ihr nicht stimmen.

Frauen, die Katzen haben, sind verrückt. An der Wand hingen Fotos von ihr und irgendeinem Kerl. Hank konnte nur raten. Auf diesen Erinnerungen hatte sie noch lange Haare und war nicht tätowiert. Jetzt hatte sie kurze Haare und war mit Hautbildern übersät. Eine völlig andere Frau. Eine harte Schale, aber im Grunde wie alle, die sich so behandeln lassen: verletzt, verliebt, verloren. Irgendwann einmal, früher.

Er mochte sie. Irgendwie waren sie verbunden. Deshalb hatte er ihr zugesagt. Ihre Küche war auch immer voller Alkohol, und er wollte sich heute betrinken. Er spürte, dass es wieder an der Zeit war, sich zumindest für einen Abend gedanklich ins Jenseits zu befördern, also fuhr er mit dem Fahrrad zu ihr. Sein Glas war alle, noch einen Schluck nachschenken.

Langsam stieg die Lust in ihm auf. Der Alkohol tat seine Wirkung. Das letzte Mal hatte sie sich vor einer Woche gemeldet.

Da hatte Hank gerade die Stadt verlassen.

Sie war geil und brauchte ihn. Schickte sogar Bilder und

bettelte um einen Besuch. Der Schmerz den sie abtöten wollte, muss in diesem Moment groß gewesen sein. Verlorene Einsamkeit spüren ist eines der schmerzvollsten Erlebnisse, die ein Mensch erleben kann.

Noch eine Zigarette, noch ein Schluck, dann duschen und los. Er war ausgeruht und gut gelaunt. Wann immer er wollte, konnte er sich die letzten Wochen an ihr bedienen. Sie wollte es so und genoss die Auszeiten. Sie harmonierten nur auf dieser Basis. Sie wusste, dass es so war, und allein das machte sie feucht.

Eigentlich wollte Hank ihr heute sagen, dass er von dem ganzen BDSM-Kram nicht viel Ahnung hat. Aber Übung macht ja bekanntlich den Meister. Vielleicht brauchte es nur einen guten Abend und er freute sich auf diese Lektion. Welche Ironie. Man wächst mit seinen Aufgaben? Er fühlte sich wie vor der Abschlussprüfung zum **Sadistenabitur**. Wenn die Leute wüssten, wie viele Frauen diesen Wunsch in sich tragen, dann wäre das der Stoff für die 9. Klasse. Stattdessen Goethe, der war auch nur ein Ficker. Darüber spricht nur keiner in Weimar.

Das Leben lernt man nicht in der Schule. Das ist schade. Es gäbe so viele gute Themen. Der Lehrer in ihm kam durch. Prost.

Noch einen Schluck, kurz unter Wasser tauchen und los. Der Anfang war ein Fiasko, er war völlig betrunken und sie nippte nur an ihrem Tee. Gespräche, die nichts mit dem zu tun hatten, was er eigentlich im Sinn hatte. Wie sollte es jetzt weitergehen? Freundliches Geplänkel und dann brutale Schläge? Immer wieder fiel er halbherzig über sie her. Er hatte keine Ahnung, und so benahm er sich auch. Irgendwann stand sie nackt vor ihm, die Arme hinter dem Rücken verschränkt, und wartete.

Ja, worauf denn bitte? Hank wünschte sich einen Coach an seiner Seite. Gibt es einen **Sadistentrainer**? Wo lernen die Typen eigentlich dieses ganze BDSM-Zeug. Das kann doch nicht alles angeboren sein.
Wenn er jetzt noch einen Lederanzug hätte, würde das die Sache perfekt machen. Er fickte sie kurz auf der Couch.
Ihr Arsch war herrlich. Er hatte schon mehr drauf als sonst, war aber auch nicht zu fett. Nur war sie nicht betrunken und ständig kam ein negatives, stimmungskillendes „Hmm hier nicht" und ein „Aua da nicht".
Dabei hatte er weder Peitsche noch Paddel in der Hand.

Im Schlafzimmer angekommen, spielten sie weiter Ihr Theaterstück **Kabale und Schläge**. Er legte sie auf das Bett, fesselte ihre Arme und Beine. Für einen Augenblick spürte Hank, das war hier eher ein Trauerspiel der Lust.
Nichts stimmte, keine Stimmung, keine Chemie. Der brutale Hengst in ihm war zum niedlichen, magischen Einhorn mutiert. Jetzt gab sie die Anweisungen.
Eine Untergebene, die ihrem Herrn etwas beibringt. Falscher Film. Wo ist der Ausgang? Bevor nun alle lose Enden reißen und er aufgibt, macht er mit ihr wie gewohnt weiter. Er verstand die Welt nicht mehr.

Da hängt die Wand voll mit Dingen, die den Aufsehern in Guantanamo die Freudentränen in die Augen treiben würden, und **Miss Supersub** meckerte schon, wenn man mit dem kleinen Finger etwas zu heftig vibrierte. Sie hatte Lust - nur worauf? Hank ließ sie aufsitzen, reiten und kommen, einmal, zweimal, dreimal. Er war unsicher. Durchgefallen. Das Abitur war für ihn gelaufen.

Es folgte eine innige **Kuschelgrobnummer**. Wahrscheinlich wollte sie nur endlich schlafen. Was für ein beschissenes Theater. Hank wollte nur noch nach Hause, zog seine Klamotten an und war schon wieder nüchtern, hungrig und putzmunter.

Die Haustür war abgeschlossen. Sie musste ihn rauslassen.
Wer sperrt denn sonst wen ein bei so einem Spiel?
Jetzt musste er auf sie warten, und so wie sie im Bademantel
die Tür öffnete, wusste er, dass das nicht seine Welt sein
würde.
Er setzte sich aufs Rad, sie sah ihm nach und er spürte die
Freiheit und die frische Morgenluft, die ihm um die Nase
wehte.
Der Morgen war herrlich frisch und unschuldig. So sollte
das Leben doch eigentlich sein. Die Nachbarn sahen Ihn
noch davonradeln und Hank wusste er würde nicht wieder-
kommen.

Am nächsten Abend meldete sie sich wieder, erklärte ihm,
wo sie war und dass sie getrunken hatte. Sie wollte wieder
spielen.
Hank wünschte ihr eine gute Nacht.

20. | Am FKK Strand

Endlich hatte ich mich aufgerappelt.
Nach zwei Tagen der Selbstverdunkelung, in denen ich versucht hatte, der Sonne zu trotzen.
Mit dem Fahrrad zum Strand und der war jetzt schon überfüllt. Eine junge, große, nackte Frau rannte mir entgegen. Dummerweise tummelte sich ein paar Meter hinter ihr ihr Wels im Wasser. Ihr Körper war wunderbar, aber sie war keine Tänzerin, das sah man an der Art, wie sie sich bewegte. Ich nahm mein Buch und schielte ein paar Mal vorbei. Wie die Sonne verblasste auch mein Interesse ziemlich schnell. Wenn Du an der Küste lebst, ist die Hochsaison das Ende der Erholung und alle Anwohner hassen Touristen. **Nur sagt das denen keiner.**
Überhaupt Urlaub zu dieser Zeit. Wer macht denn sowas? Spießertum in Perfektion. Die Saison ist von Ostern bis Oktober und es läuft immer in den selben gerelten Bahnen, nur wechseln jede Woche die Menschen durch. Abendessen gibt es immer um 18 Uhr und „Bettenwechsel" ist immer samstags. Die einen fuhren zurück in ihr gestresstes Leben voller Sinnlosigkeit, dafür hatten sie jetzt etwas zu erzählen und ach so tolle Bilder. Die Neuen, die kamen, sahen aus wie Flüchtlinge aus einem Kriegsgebiet, und auch ihre Autos waren so voll beladen.
beladen. Wer so einen Urlaub in der Hauptsaison macht und das Urlaub nennt, hat von Urlaub keine Ahnung. Natürlich man muss wegen den Kindern, das geht ja nur genau dann, aber so? Die Sonne war völlig verschwunden, genau wie meine Laune. Der Strand wurde voller, die neuen Flüchtlinge fluteten den Sand. Zeit zu gehen.

21. | God Bless America

Du betrittst die Autobahnraststätte und plötzlich wird dir die Dummheit der Menschheit wieder bewusst. Rechts das Restaurant zur goldenen Möwe, Schlangen an allen Kassen, ein einsamer, verzweifelter Mitarbeiter hinter dem Tresen. Ich frage mich, ob der Rest der Fastfood-Belegschaft wegen dieser Fressmassen gekündigt hat oder im hinteren Teil um sein Burger-Leben kämpft. Ich schaue aus dem Fenster und sehe Schweine, die auf einem Lastwagen aus Polen zusammengepfercht sind und um Ihr Leben quieken. Liefern die das lebende Fleisch jetzt schon direkt hierher? Sind die Leute vom Schlachthof da hinten mit der neuen Schweinelieferung beschäftigt? Ich dachte hier gibt es nur Rindfleisch? Ich schlendere am Kiosk vorbei in Richtung Autobahnrestaurant auf der anderen Seite. Zum Preis eines Sparmenüs gibt es hier **Kohlroulade mit Kartoffeln** und Soße. Ob die Kinder da drüben beim Fettbauch- und HerzinfarktCheckin überhaupt wissen, was eine Kohlroulade ist? Ob die Eltern dieser Kinder wissen, wie man sie kocht? Ich setze mich in das fast leere Restaurant ans Fenster, in die Nähe einer Seniorenreisegruppe, fühle mich wohl, gepolsterter Stuhl, genug Platz, Ruhe, so alt und vernünftig zu sein fühlt sich plötzlich großartig an.

Dann schaue ich etwas genauer in die Runde und entdecke die große McDonalds-Tüte in der Mitte des Tisches. Der McCrib ist also gerade im Angebot für 1,99 Euro. Dem alten Mann am Tisch läuft die Soße aus dem Mund, die Dritten halten zum Glück, was sie versprechen. Dazu Cola, Pommes... er hat sich das ganze Menue gegönnt und belegt nun damit hier den Kohlrouladensitzplatz. Nun also auch die Alten. Ich habe keine Hoffnung mehr, dass wir dem schnellen, billigen Essen noch lange die Stirn bieten können. Direkt neben den Fastfood Restaurants sollten sie Apotheken eröffnen und wenigsten noch unser geheiligtes Bier dazu anbieten.. sonst ist in ganz Deutschland bald Hopfen und Malz an die Amerikaner verloren.

22. | Nistplätze

Wenn die Tage kürzer werden und man hört, wie der Wind sanft die Blätter von den Bäumen pflückt, weiß man, dass es Zeit ist, zur Ruhe zu kommen und sich auf die dunkle Jahreszeit vorzubereiten. Jedes Jahr werden wir aufs Neue daran erinnert, dass nichts von Dauer ist und alles ein Ende hat.

Die Blätter werden zu Laub, die Welt wird weniger schön. Die Natur hat das erkannt und Automatismen entwickelt. Wer kann, macht es wie die Vögel und zieht in den Süden. Wer bleibt, tut gut daran, sich einen Platz und ein Herz zu suchen für die dunkle Zeit, die unweigerlich kommt.

Mit zunehmendem Alter spürt man diese Jahreszeiten intensiver, weil sie einen an das eigene Leben erinnern. Sie ziehen nicht einfach an einem vorbei, ohne dass man ihre Bedeutung bemerkt. Die Jahre, sie scheinen mit Dir zu wachsen, gewinnen nicht an Zeit, gewinnen nur an Bedeutung. Du weißt, was Dich erwartet.
Das Leben hat seine Zeit und die Abschnitte gleichen denen eines Jahres, man findet sich in ihnen wieder.

Es ist ein beruhigender Gedanke, dass der Frühling immer wieder kommt.
Auch wenn der eigene Winter vorbei ist, wird es eine neue Zeit geben. Die Gedanken an das vergangene Jahr, an das vergangene Leben verschwimmen in den Erinnerungen. Halte nicht an ihnen fest. Lass sie fliegen wie die Vögel in den Süden.

Überlege Dir stattdessen gut, welchen Gedanken und Menschen Du im nächsten Jahr einen Nistplatz bieten willst.

23. Die zweite Hälfte der Schmerztablette

Vielleicht lag es an dem neuen Raumduftspray, dass Hank
vor lauter Kopfschmerzen weder geradeaus gehen noch
denken konnte. Er quälte sich stundenlang, wälzte sich auf
dem Sofa. Versuchte es mit Cola, Tee, weniger Rauchen.
Langsam verschwamm die Schrift auf seinem Fernseher.
Klarheit!
Weg mit dem Druck. Gegen 2 Uhr nachts wurde es uner-
träglich, die Augen tränten und man taumelte nur noch von
von Zimmer zu Zimmer. Der letzte verzweifelte Gedanke:
frische Luft.
Eine Runde mit dem Fahrrad könnte doch neue und alte
Lebensgeister wecken und in Einklang bringen. Die Nacht
hatte fast den Gefrierpunkt erreicht. Leichter Regen, alles
egal. Körper und Geist im schmerzverzerrten Delirium.

Richtung Städtische Klinik ging es zunächst leicht bergauf,
dann lange Zeit leicht bergab. Am Ende der Straße rechts,
Hausnummer 7. Unbewusst, aber zielstrebig war er hier
gelandet. Das Licht brannte noch. In seinem vermusten Ge-
hirn funktionierte die Notbeleuchtung wieder und signa-
lisierte Rettung. Zwei Monate lang warer nicht mehr hier
gewesen. Die letzte Begegnung fand am Strand statt.
Sie verkatert, er beim Eincremen des Rückens ziemlich
schnell tief in ihr. Tolle Nummer am FKK-Strand ohne
Sichtschutz und doppelten Boden. Hank quälte sie so ca.
eine halbe Stunde. Laute Geräusche und Kommen waren ihr
strengstens verboten. In diesem Moment, vor ihrer Tür, war
das natürlich kein Thema mehr.

In diesem Zustand innerer und äußerer Verwahrlosung sollte man niemandem begegnen. Aber es war ein Notfall, und er war sicher, ein gutes Herz vor sich zu haben, als sie ihm die Tür öffnete. Hart waren die Schmerzen, die ihn seit Stunden quälten. So stark, dass alle guten Vorsätze über Bord geworfen wurden. Schmerzmittel als letzter Ausweg. Jetzt war es an der Zeit, die Trümpfe der Humanforschung auszuspielen. Seit Hanks medikamenteninduzierten Nahtoderfahrung bestand ein **Gentleman Agreement zwischen ihm und chemischen Substanzen aller Art**. Solange er sie nicht missbrauche, lassen sie mich am Leben. Das können nur Menschen mit einem gewissen angeborenen Suchtpotential richtig verstehen.

Auf ihrem Sofa war es wie immer eng und kalt, sie saß eingemummelt in ihrer Ecke. Die Gespräche waren gut, Winterruhe, Führerschein, Umbau ihrer Wohnung. Es war halbwegs interessant, ehrlich und flüssig. Als das Medikament zu wirken begann, überkamen Hank Glücksgefühle. Die Schmerzen verschwanden langsam, kamen kurz zurück und verabschiedeten sich dann endgültig. Was für eine Erlösung. Statt jetzt zu rauchen, wollte er lieber Tabletten nehmen, zündete sich trotzdem eine an und dachte an **Michael Jackson, der auch hätte lieber rauchen sollen, um mit dem Scheiß fertig zu werden.**
Blendende Stimmung um 3 Uhr morgens, Pistazien, Studentenfutter, Hank gab sich alles, was herumstand. Es wurden noch richtig nette Gespräche. Jetzt dankte er sogar seinem Kopf, dass er ihn irgendwie unbewusst hierher geführt hatte. Schmerzen als Orientierungshilfe. Ist das Leben so gestrickt? Er fühlte sich schließlich so gut, dass er ihr zwei Orgasmen verschaffen konnte und verabschiedete sich, nicht ohne die zweite Hälfte der Schmerztablette einzustecken. Sicher ist sicher. Wer weiß wann man wieder die Orientierung verliert.

24. Schatten im Wind

Ruhelos und leicht erhaben, hinfort aus meiner Sicht.
Nie zuvor gab es ein solches Beben.
Stillstand begleitet mich.
In der Tiefe der Ruhe findet man sich selbst.
Neben mir und hinter mir
klar erkennbare Zeichen meiner selbst.
Noch zu schwach ihnen zu folgen.
Kraft aus dem Mut des Todeskampfes.
Druck der einem die Kehle zuschnürt

gepaart mit erhabenen Momenten.

Spiele das alte Lied immer und immer wieder.
Öffne das Herz und lass sie alle hinein.
Solange ich lebe der einzige Weg, der Einzige.
Empfange die Dunkelheit und spende Licht.
Bis hinter mir kein Schatten mehr zu sehen ist.

25. | Kaninchenstall

Als ich bei ihr ankam, erwartete sie mich in einem äußerst unerotischen Outfit. Sie war Apothekerin und hatte mir in den letzten Wochen in ihrer Phantasie die übelsten Mixturen zusammengebraut. Das war damals das Beste, was mir passieren konnte. Sonst wäre ich schon auf dem Flur über sie hergefallen. Es folgten endlose Gespräche über Kaffee. Wahrscheinlich eine Art Vorspiel. Was bedeutet es, wenn eine Frau nach deinem Sperma giert und es, nachdem du ihr deine Wochenration auf den Körper gespritzt hast, genüsslich überall verteilt und einreibt? Besitzinstinkt? **Alchemistische Treue durch Safttinktur?** Ich musste raus, aus dieser Wohnung, aus dieser Vereinnahmung durch Absorption.

Zurück nach Hause.

Eimsbüttel, Altbau, Hamburg an einem Sonntagabend.
Ich bin schon so oft durch diese Straßen gegangen, immer mit dem Gedanken im Kopf, wie schön gruselig das ist. Hunderte und Tausende von Schicksalen, zusammengepfercht auf einem kleinen Stück Leben. Immerhin ist das hier einer der besseren Stadtteile Hamburgs, die Menschen haben meist Geld und eine gute Ausbildung, und doch ist es nichts anderes als ein riesiger Zuchtkäfig. Käfig an Käfig. Käfighaus an Käfighaus. So viel Leben, so viel Phantasie, so viele Menschen gefangen in ihrem beschaulichen Dasein.

Ich hatte eine sehr alte Mieterin über mir. Sie war 105 Jahre alt. Ich habe es immer gehasst, wenn sie mit ihren straßenschuhähnlichen Hauspantoffeln durch die Wohnung stapfte, deren harte Sohlen jeden Schritt unüberhörbar machten. Es müssen sich tiefe Spuren in ihren Teppich eingegraben haben, der an den dünnsten Stellen sicher schon bis auf den Untergrund durchgescheuert war. Um 23 Uhr ging sie meistens zu Bett, um 3 Uhr noch einmal auf die Toilette, ab 8.30 Uhr rollte der Panzer wieder über mich hinweg.

Sie starb, als ich einmal längere Zeit nicht in meiner Wohnung war.

Zurück in Hamburg waren die Bauarbeiter der Hausverwaltung schon dabei, die letzten Überreste dieses Kaninchens zu beseitigen und den Stall auf Vordermann zu bringen. Ich hatte sie einmal gesehen und mich über die Tritte beschwert. Sie war so erschrocken, dass ihre 73-jährige Tochter mich am nächsten Tag anrief, um sich zu entschuldigen. Was war ich doch für ein dummer Junge gewesen. Sie hatte zwei Weltkriege überlebt und jetzt kommt so ein junger Bursche vor ihre Tür und spricht viel zu leise und viel zu undeutlich und überhaupt - was will der Fremde?

Fast eine Woche lang trauerte ich, dass das Trampeln, das mich so lange genervt hatte, endlich vorbei war.

26. | Angefixte Junkies

Diese Nachrichten, diese verdammten Versuche, Kontakt aufzunehmen. Es sind Momente der Verzweiflung. Je mehr ich mich entziehe, desto stärker wird der Wunsch, mich zu erreichen.

Die Geister, die ich rief, lassen mich nicht los.

Wie Sirenen von fernen Inseln empfange ich ihre Signale. Sie locken mit Zuwendung, Vertrautheit, liebevollen Worten und wenn nichts mehr hilft... Sex.

Es ist ein Drama.

Eine verzweifelte Wette auf das Pferd, das am weitesten vom Ziel entfernt ist. Oft habe ich mich einfangen lassen, habe mich diesem unrealistischen Gefühl hingegeben. Nie habe ich mehr gegeben als meinen Körper. Für sie war es der Himmel auf Erden.

Sie wurden süchtig.
Arme verliebte Geschöpfe.

27. | Die unausgeschlafene Gesellschaft

Kaffee-Junkies, frühmorgens zugedröhnt, schwatzen, radeln, übermotiviert. Nervöse Unruhe. Wohin mit mir und meinen Gedanken. Für jemanden, der schon mal Drogen genommen hat, ist Kaffee trinken wie Sex mit einem Asiaten: Man spürt etwas, aber es bringt einen nicht auf Touren. Das schwarze Gold dockt trotzdem ein bisschen an die gleichen Rezeptoren an wie Kokain und beschert einem wunderbare Flashbacks an die Zeit, als man flog ohne abzuheben. Irgendwann möchte ich den kollektiven Koffeinentzug erleben.

Ein volles Hotel oder Büro am Morgen.

Türen zu.

Kaffeeautomaten weg.

Bei der Vorstellung muss ich immer schmunzeln.

28. | Der Noisey Guide to Westdeutsche Clubs

Da bin ich also. Es ist 3.15 Uhr im wahrscheinlich besten Club der Stadt mit einem der besten DJs. Der, wie könnte es anders sein, aus dem Osten kommt. Es gibt zwar keinen typischen Kreis vor dem DJ-Pult und keinen Pfeffi an der Bar, aber trotzdem fühle ich mich als Ossi auf der Tanzfläche so wohl wie ein Ausländer in Dresden. Es ist voll. Sehr voll sogar. Während man sich im Osten überlegen muss, an wie vielen Samstagen im Monat es sich überhaupt noch lohnt, die Clubs und Diskotheken zu öffnen, drängt sich hier am Freitagabend alles zwischen Tanzfläche und Bar. Aber Moment mal, wo ist eigentlich die Tanzfläche? Inzwischen stehe ich nach meinem Eröffnungsritual mit Jägermeister und Bier etwa in halblinker Position, etwa zehn Meter vom DJ-Pult entfernt. Neben mir zwei Damen der Kategorie Tanzen: ja, aber nur, wenn die Haare nicht zu sehr durcheinandergeraten. Direkt vor mir der: Okay, meine Freunde sind hier, ich musste mit, aber eigentlich bin ich eher der Alternative-Rock-Typ. Natürlich zwei Meter groß, steif wie ein Bock und angezogen wie ein Waldorfschüler. Ich kämpfe mich durch, aber von einer Tanzfläche ist weit und breit nichts zu sehen. Es wird geschoben und gedrückt, die Hälfte der Leute steht einfach nur da, die andere Hälfte läuft von a nach b ... Von den Leuten, die nur rumstehen, stehen 50% mit dem Rücken zum DJ, mindestens 100% in einer Art Halbkreis.

Wahrscheinlich, weil man auch in der Großstadt nicht mit jedem tanzen oder sich gegenseitig anfeuern will. Ich taumle weiter.

Ich stehe irgendwo in der Mitte, 5 Meter vom DJ-Pult entfernt. Rechts von mir zwei dunkelhaarige, halbaffenartige Typen, die tanzen, aber auf eine Art, die ich noch nicht kenne. Natürlich steht einer von ihnen mit dem Rücken zur DJ-Sonne und natürlich bilden beide eine in sich geschlossene Atmosphäre. Insgeheim hoffe ich, nicht dazwischen zu geraten. Die Hände und Beine der beiden Paviane bilden eine undurchdringliche Barriere. Es sieht ungefähr so gefährlich aus, wie in einem Fleischwolf. Ein Ruck und ich werde nach vorne geschleudert. Kann gerade noch dem Zerfetzen entgehen. Zwei Typen mit Basecaps stehen da und tun ... nichts. Moment, die schauen zum DJ. Ja! Das ist die richtige Richtung, denke ich, während mich der dritte Kumpel mit Wollmütze und Vollbart zur Seite schiebt, um sich dem Halbkreis anzuschließen. Endlich ist die Dreierfamilie vereint, nickt und prostet sich zu, schaut sich um und kommt ins Gespräch. Klar, hier ist genau der richtige Platz, um mit seinen Jungs bei einem Bier ins Gespräch zu kommen. Ich versuche es weiter links. Mir stehen zwei Frauen gegenüber. Da könnte doch jetzt etwas Bewegung ins Spiel kommen. Das schöne Geschlecht hat in der Regel mehr Taktgefühl.Aber nein, natürlich ist auch hier keine Tanzeinlage in Sicht. Stehen. Schauen. Haare richten.

Ich will gerade die Tanzfläche verlassen und auf der Toilette meinen eigenen Dancefloor eröffnen, da passiert es: Der DJ spielt eine halbwegs bekannte Platte. Was ist hier los, denke ich noch, da fliegen schon alle Arme nach oben, Break, Bass ... Ja, hüpfen und brüllen. Abruptes Ende. Den nächsten Track kennt wieder keiner. Also weiter stehen, trinken, quatschen, hin- und herlaufen. Dancefloor-Tee-Feeling deluxe. Alle posten Fotos von vollen Tanzflächen und Hands Up Momenten. Hat der DJ, der sich da oben gerade abmüht, am nächsten Tag auch gemacht. Die Realität auf dem Dancefloor sieht anders aus.

29. | Berlin

Und dann wachst Du auf.
Zwischen Berlin und Leipzig.
Liegst in deinem Auto auf einem Autobahnrastplatz.
Die letzte Nacht kommt in Schüben zurück.
Sie war kurz und schlaflos.
Wie soll man auch gut schlafen neben einer
unbekannten Person.
Kreuzberg.
13,90 Euro beim Vietnamesen für zwei Essen und zwei Bier.
Die einzigartigen Gesichtszüge des asiatischen Jungen, der
uns bediente werde ich nie vergessen.
Ich hoffe, er landet irgendwann beim Film.
Was für eine Stadt, was für eine Sehnsucht.
Das pure Leben, es faszinierte mich immer wieder.
Ich war kein Stadtmensch, aber ich hätte Lust hier
für einige Zeit zu versinken.

Ein perfekter Sonntag mit einer wildfremden Frau.
Auf der Suche nach Nähe entstehen kuriose Verbindungen.
Um sie kurz zu beschreiben: Managerin, Firmenjet, High-
life, österreichische Wurzeln. Ihre Rasse und ihre Lethargie
waren ansteckend.
Ich genoss sie, aber als sie mir ihren Hintern entgegen-
streckte, war es vorbei.
Ich liebte es, ihr das gute Gefühl zu geben.
Ich hatte ihren Namen nie ausgesprochen, und sie hatte
meinen wohl auch vergessen.
Was ist aus dieser Welt geworden?
Wenigstens hatten wir uns drei Dates Zeit für das hier ge-

lassen.

Dieses anonyme Rummachen war nichts für mich.

Ich hatte darauf bestanden im klassichen Rahmen zu bleiben.

Gentlemanlike.

Am liebsten wäre sie gleich am ersten Abend in meinen Sattel gestiegen.

Sie war das Business Girl, sie brauchte **some loving.**

So stand es in ihrem Datingprofil.

Nummer fünf in diesem Jahr war eine gute Frau, sie hatte ein gutes Herz und konnte küssen wie kaum eine andere.

Küssen ist sehr wichtig.

Leider können das viel zu wenige überhaupt und annähernd. Die letzte Frau habe ich verlassen, weil sie ständig versucht hat, mit ihrer Zunge in meinem Mund zu bohren.

Ein furchtbar ekliges Gefühl, dieses schleimige, schleimige Stöbern in mir.

Mir wird übel, wenn ich nur daran denke.

Es wird Zeit weiterzufahren.

Berlin, es war schön in und mit dir.

30. | Liebe

Dieses paranoide Etwas zwischen Kopf und Herz.

Dieses verfickte Stück Sehnsucht.

Dieser Betrug des Herzens.

Dieses Gefühl der tödlich endenden Schwerelosigkeit.

Dieser Weg der Verdammnis.

Diese geistige und körperliche Schwäche.

31. | Datingschlager

Atemlos durch die Nacht.
Tanze Samba mit mir.
Alkohol ist der Sanitäter in der Not.
Eine neue Liebe ist wie ein neues Leben.
Die Gefühle haben Schweigepflicht.
Ohne Dich schlaf ich heut Nacht nicht ein.
Abenteuerland.
Ein bisschen Spaß muss sein.
Ein Bett im Kornfeld.
Wahnsinn.
Aber bitte mit Sahne.
Heute Abend, hab' ich Kopfweh.
Verdammt ich lieb Dich.
Dein ist mein ganzes Herz.
Schön ist es auf der Welt zu sein.
Himbeereis zum Frühstück.
Wenn Du denkst, Du denkst, dann denkst Du nur Du
denkst.
Du hast mich tausendmal belogen.
Verlieben, verloren, vergessen, verzeihen.
Du trägst keine Liebe in Dir.
Sag` beim Abschied leise Servus.
Liebeskummer lohnt sich nicht mein Darling.
... und ich warte auf ein Zeichen.
Wieder alles im Griff.

Ich bin kein guter Redner.
Da bist du der Profi.
Wir müssen aufhören, es gibt kein Zurück mehr.
Es reißt nur immer wieder, was nicht zu flicken ist.
Die Liebe.
Das Gefühl.
Die Zeit, die stillsteht.
Alles wird unwichtig, die Zeit, der Raum, die Menschen.
Um uns und zwischen uns.
Die Angst vor dem Leben ... und vor dem Tod.
In Deiner Nähe gibt es sie nicht mehr.
Du die mittelfristige Erlösung.
Ich hasse dich dafür.
Diesen Raum so zu füllen.
Du weißt, wo Du bist.
Wir wissen, woran wir sind.
Es wird immer so sein.
Auch wenn wir uns verloren haben und die Zeit uns geheilt
hat, die nicht krank war, sondern nur zu viel.
Nähe ist Erlösung vom Ich.
Ich verabschiedete mich von meinem Wunschdenken.
Jeder in seinem Viertel, seinem Leben.
Unendlich ist nur der Wunsch nach Erlösung.

33. | Dekadenz hat Ihren Preis

Es ist immer ein Krampf, diese Komfortzone, dieser innere
Schweinehund. Die Wohnung viel zu groß, viel zu teuer,
die exzentrische Dekadenz hat ihren Preis. Der vernünftige
Schritt der Kündigung wird seit Monaten hinausgezögert.
Warum auch. Was ist schon Vernunft. Sie betrügt um das
Vergnügen. Wie jetzt: Eine zweistündige Fahrt zu einer
Affäre. Kein vernünftiger Mensch würde das tun.
Notgeile vielleicht. Hank hatte seit Wochen keinen Sex
mehr und war genervt von der eignen Unruhe mitten in der
Nacht aufgewacht.
Trotzdem lockten ihn nun diese Lippen in die Nacht. Natür-
lich nicht um jeden Preis. Bloß nicht der Sucht verfallen.
Aber wenn die Dame, wie in diesem Fall, höflichst darum
bittet, gibt es keinen Grund, sich Chancen entgehen zu
lassen.

Am Telefon hatte sie versprochen zu kochen. Das kam
Hank schon spanisch vor.
Eine Frau wie sie hat in einer Kochschürze nichts zu su-
chen. Als er die Wohnung betrat und auf dem Küchentisch
eine lieblos angerichtete Sushi-Supermarktkreation vorfand,
war die Welt für ihn wieder in Ordnung.
Dazu gab es Weißwein, für jeden eine Flasche. Um die
besonders intensive Gewürznote der zweiten Flasche zu er-
kennen, war Hank inzwischen zu betrunken.

Das Knie zertrümmert, ein Operationsmarathon hinter sich,
für ein Mädchen aus den Bergen ist das Ende aller Ski-
möglichkeiten so dramatisch wie für andere der Verlust des

Augenlichts. Zumindest stellte sie es sich so vor. Von ihrer letzten Reise nach Peru hatte sie nur vom Besuch des fünftbesten Restaurants der Welt zu berichten. Ihr neues Hobby war es, die Top 50 zu knacken. Schöne reiche Welt. Mindestens sechsmal am Abend klagte sie über ihr Alter und ihren heimlichen Wunsch nach Familie.

Man hörte förmlich ihre innere Uhr ticken.

Ihr Lebensstil zwischen Geschäftsreisen um die Welt, Bergidylle und Berliner KoksKikat-OneNightStands war dafür alles andere als geeignet. Hank sagte ihr, dass er nicht glaubte, dass sich das über kurz oder lang ändern wird.

Dannhat er sie in der Küche ihrer WG ausgezogen und ihre nasse Muschi befingert. Er war gerne mit ihr zusammen, der Sex war nichts Besonderes, dafür war sie zu dominant und irgendwie anstrengend. Die zweite Runde verbrachte er hauptsächlich mit seinem Kopf zwischen ihren Beinen.

Hank fragte sich, wie viele anonyme Berghain-Schwänze er gerade in seinem Mund hatte.

Sie ließ sich fallen und krümmte sich vor Lust unter den schnellen Bewegungen seiner Zunge auf ihrer Klitoris.

Er gab sein Bestes, zwirbelte ihre Nippel, bis sie vor Lust aufschrie, fickte sie mit seiner Hand, bis es spritzte und füllte ihren Mund mit seinem Sperma.

Sie lächelteihn an. Definitiv eine edle FrauSau. Wir schliefen bis 9 Uhr. Er brachte sie zur Arbeit.

Sie hatte sich binnen Minuten äußerlich in Jacky Kennedy verwandelt, oberflächlich betrachtet gehörte sie nun definitiv wieder in die Kategorie spießig und bieder. Kein Vergleich zum Abend zuvor. Eine gute Verkleidung ist es also das es braucht um nicht erkannt zu werden.

34. | Alterwasser

Ich sitze am Ufer und höre die Stimmen.

Wie sie Nebensächlichkeiten zu Prioritäten auftürmen.
Wie sie über das Leben reden, ohne sich mit ihm auseinanderzusetzen.
Wie sie sich gegenseitig ihre Geschichten zuschieben.Wie sie schweigen, obwohl sie erzählen wollen.
Wie sie alle sind, ohne zu sein.
Wie sie joggen und gegen die Stimmen in ihren Köpfen ankämpfen. Machen Liegestütze für ihre Körper, lassen Hunde neben sich laufen.

Ein Sommertag in der Stadt zeigt die Leere von Millionen.

Öffentlich zur Schau gestellt.
Schöne Kleider schmücken die Frauen an einem Dienstag.
Man zeigt, was man hat und was man kann.
Paare gehen Hand in Hand, lieben und leben die Selbstaufgabe. Finden ihr Seelenheil in der kleinstmöglichen Gesellschaft. Die Alster glitzert im Sonnenschein und blendet mich. Vielleicht ist das hier ja doch ein schöner Moment und ich lege mich wieder hin.
Versuche den Fokus zu verlieren und in das große, ganze Nichts einzutauchen.

35. Treibholz

Wie ein Stück Treibholz liege ich nun am Strand, angespült von den Wellen der Liebe und des Lebens.
Geduldig warte ich auf die nächste Schicksalsflut, die mich in die Weite des Meeres spült.
Überlasse mich den Gezeiten, Kräften, die kein Mensch beeinflussen kann.
Einatmen und ausatmen.
Unwiederbringliche, wunderbare Sekunden, in denen die Zeit stillzustehen scheint.

36. | Buletten im Kühlschrank

Spelunke. Innere Unruhe.
Gefühle, die nur die Liebe auslösen kann. Sollte bald mein
Herz untersuchen lassen, das kann auf die Dauer nicht
gesund sein. Habe wieder angefangen
zu rauchen. Ein bisschen ungesunde Medizin muss sein.
Ein Übel mit dem anderen bekämpfen. Kann man Gefühle
überhaupt beruhigen? Vielleicht die Cola weglassen. Das
Land verlassen wäre auch eine Möglichkeit. Nur weit genug
weg.
Aber weglaufen, das ist auch keine Option.
Da ist ein Mädchen, das seit einem halben Jahr vor mir
wegläuft. Inzwischen ist sie in Südamerika und ich bin auf
allen Kanälen blockiert. Hätte sie diese Weltreise ohne mich
überhaupt gemacht?
So gesehen sollte sie mir dankbar sein, dass ich ihr das Herz
gebrochen habe, um ihren Horizont zu erweitern.
Ob sie in diesem Moment an mich denkt?
Ich hoffe nicht.
Alles ist besser als dieser Gedankenkarneval. Die Leute tra-
gen Kostüme, den ganzen Tag, wirklich nackt, nur wenn sie
nackt sind. Körper an Körper.
Das Paradies in seiner reinsten Form, und doch ist niemand
da, der dich auffängt, wenn du fällst. Es muss eine Lösung
geben. Einen Deckel für den Topf.
Dazwischen viel experimentelles Kochen.

Aber zuerst die Abrechnung.

Die Barfrau hier mit ihrem Tag und wir mit unserem Leben. Täglicher Kassensturz. Was haben wir verdient, wie hoch war der Einsatz. Was bleibt übrig, wenn die letzte Rechnung beglichen ist.

Noch einen Schluck Whiskey Sour. Das passt nicht zusammen.
Dieser starke Alkohol und das süße Drumherum. Ein Schluck Cola danach, das neutralisiert.
Wie alle Affären danach.
Ein süßes Intermezzo, für den Moment ok, aber auf Dauer auch nicht das Wahre.

Die Buletten liegen gegenüber von mir im Kühlschrank.
Wie lange die wohl schon da liegen?
Diese breiige Fleischmasse, geschmacksneutral und vom Aussehen her eher als Notration geeignet.
Menschen in Dating-Apps sind wie diese Buletten.
Ausschussware.
Zu schlecht für einen guten Burger, zu gut zum Wegwerfen.
Noch einmal braten und würzen, dann findet sich vielleicht ein Abnehmer.
Eigentlich will niemand eine Bulette haben oder sein.

Da sitze ich nun mit meiner Cola, dem Telefon in der Hand und dem Blick auf die Frikadellen.
Meist merkt man erst, in was für einer Situation man sich befindet, wenn man die Augen aufmacht und die Umgebung etwas genauer betrachtet. Die Stimme im Bauch sagt einem mal was Gutes, mal was Schlechtes, immer das Richtige und doch hört man viel zu selten auf sie.

37. | Balsam für die Augen

Am schlimmsten sind die Uhren mit den großen roten
Digitalziffern.
Meine Augen brennen. So ein Ding lacht mich gerade aus.
Seit 0.52 Uhr, um genau zu sein. Jetzt ist es 2.37 Uhr und
das verdammte Ding grinst immer noch. Der Hunger quält
mich, und wenn da nicht eine Frau neben mir liegen würde,
wäre ich schon dreimal aufgestanden und zu einem Imbiss
gefahren.
Warum tue ich es nicht?
In mir regt sich Widerstand.
Das alles hier ist nicht gut, nicht real.
Es hat keine Zukunft. Was hält mich an diesem Ort.
An einem Ort, an dem ich nicht sein will?
Ich denke an die Currywurst mit Pommes am Imbiss.
An einem Samstagabend gäbe es dort neben dem Fett fürs
Herz sicher auch Balsam für die Augen.

38. | 5 kg Scheiße

Könnte es nicht immer so einfach sein,
mit dem ganzen Mist, den wir in uns tragen.

Voller Stolz ein letzter Blick zurück das überstanden zu
haben und dann ... wusch.

39. | Suche keinen ONS

Es war einmal ein Käsekuchen,
der wollte sich ein Weibchen suchen.

Da ging er fix zum Kühlschrank hin
und schaute ob's was gäbe drin.

Dort fand er Butter und genügend Milch,
jetzt hab ich's gleich, ich intelligenter Knilch.

Er rührte und erhitze,
so viel, dass er dabei schwitzte.

Dann lies er das Ganze einen Tag ruhen,
am nächsten Tag war es Sahne - aber was nun.

Er rieb sich damit ein,
denn so sollte es ja sein.

Ein guter Kuchen, den gib es nur,
mit ner schönen Sahnepolitur.

40. Karmatöse Zustände

Urologische Praxis Wartezimmer. Wenn Du hierher kommst, stimmt etwas nicht,
mit Dir, mit Deinem Penis, wahrscheinlich mit beidem. Die rote Couch, auf der ich Platz genommen habe, ist entweder der scharlachrote Buchstabe oder ein gutes Zeichen. Alles in meinem Leben war rot.
Der erste Motorroller, das erste Fahrrad, das erste Auto.
Sogar die erste Frau, glaube ich. Jetzt die rote Couch.
All die alten Männer mit ihren tieftraurigen Augen.
Werde ich später auch immer hier rumhängen?
Scheint definitiv eine Frage des Alters zu sein.
Das Karma der letzten Tage hatte mich mehrfach herausgefordert und als Ergebnis saß ich nun hier. An diesem Ort konnte man den Schmerz und den Mangel an Männlichkeit förmlich spüren. Gebrochene Männer, manche sogar in Begleitung ihrer Frauen. Es war zum Heulen. Mittendrin ein bärtiger Typ mit Kapuze und der Hoffnung, dass das alles hier ganz schnell vorbei geht. Irgendwie ging es dann auch. Kurz vor der Mittagspause durfte ich die Hose runterlassen und mich hinlegen.

In meinem Unterbewusstsein kam mir erst in diesem der Gedanke, dass es hier auf dem Dorf vielleicht andere andere Methoden gibt als in der zivilisierten Großstadt. Eigentlich sollte hier jetzt kein Blut fließen, das hätte ich noch mit einem Lächeln hingenommen. Jetzt wurde ein 15 cm langes, dünnes Wattestäbchen ausgepackt. Allein der Gedanke, dieses Ding jetzt tief eingeführt zu bekommen, versetzte mich in einen panikartigen Zustand, der einer bevorstehenden Operation am offenen Herzen glich. Liebe Männer, die ihr das noch nicht erlebt habt, ihr könnt euch diesen Schmerz nicht einmal ansatzweise vorstellen. Liebe Frauen, ich weiß, wir Männer haben uns manchmal, aber stellt euch einfach mal vor, in euer kleines Loch wird ein Baseballschläger mit einem Wattebausch davor gerammt. Ohne bis drei zu zählen und ohne Gleitcreme. Meine Hand griff nach dem Arm des weißen Penetrators, als er das Ding tief in meinen Schwanz bohrte. Am liebsten hätte ich ihm eine verpasst.

Er hatte jetzt mindestens so viel Angst wie ich. Schweißperlen auf seinem Gesicht.

Man kann sich gar nicht vorstellen, dass es Leute gibt, die das aus Spaß machen. Da muss definitiv eine Schmerz- schraube extrem locker sein. Bei der zweiten Einfuhr behielt ich die Hände bei mir, konnte mir aber einen leisen Hilfe- schrei nicht verkneifen. Hose hoch und eine genuschelte Entschuldigung für den Armgriff an den Gringo in Weiß, der hier gerade meine Harnröhre entjungfert hatte. Nur weg, nur raus. Der Schmerz blieb. Beim ersten Pinkeln nach diesem Eindringen in meine Privatsphäre riss es mir den Schwanz von innen auf.

Das war es also. Das war die Quittung des Universums für meine realen und imaginären Ficks der letzten Wochen und Monate. Anscheinend war ich hier zu weit vom Weg abgekommen. Musste ich wirklich so schmerzhaft auf den Pfad der Tugend zurückgeführt werden? Das Karma und ich hatten uns in dieser Woche extrem gut kennengelernt. So tief war es noch nie in mir gewesen.

41. | Der alte Mann und das Meer

Der alte Mann im Restaurant war 88 Jahre alt. Er und seine Frau lebten seit 55 Jahren zusammen in Hamburg. Eppendorf, sagten sie, sei der schönste Stadtteil Hamburgs. Inzwischen waren sie seit einigen Jahren an der Küste zu Hause. Die alte Heimat, die sie als Kinder verlassen mussten. Seine Frau konnte nur noch schlecht gehen, brauchte einen Rollator, aber sie brachte ihrem Mann das Getränk und bestellte das Essen. Währenddessen schimpfte er gerne mit mir über die Politik. Er war definitiv einer der guten Menschen, einer, der das Leben verstanden hatte. Es muss vorwärts gehen, zu viel wird verhindert oder blockiert, weil hier oder da ein grüner Politiker mit regionaler Brille die Welt zu einem besseren Ort machen will. Man sollte den Fortschritt mit offenen Armen empfangen und mit ihm statt gegen ihn arbeiten. Aber jetzt ist erst einmal Winter, oder was davon übrig ist. Früher sind die beiden immer nach Berchtesgaden gefahren.
in den Winterurlaub gefahren, 14 Jahre lang.
Die alte Wirtin der Pension hat erst letzte Woche angerufen
erst letzte Woche angerufen, es lägen über 1,50 m Schnee, aber ihr Mann sei gestorben. Er wollte so gerne noch einmal nach Berchtesgaden. Was sie dort für Abende verbracht hätten, in den Gasthäusern zum Essen und weit darüber hinaus bis spät in die Nacht.

Die Leute hätten sich Zeit genommen.
Man hätte getrunken, Musik gemacht und auf den Tischen getanzt. Heute verschwindet jeder so schnell wie möglich in seinem Zimmer.

Mein Essen war eigentlich schon zu Ende, aber ich wollte nicht verschwinden, blieb sitzen und beobachtete die beiden noch eine Weile. Eine vertraute Runde war in wenigen Minuten zwischen uns entstanden.
Schon einmal hatte man ihn kurz "nach oben" eingeladen und dann wieder nach unten geschickt.
Er lächelte mich an. Seine Frau fand das nicht so lustig, wir wussten, was gemeint war und lächelten. Sie schaute die ganze Zeit aus dem Fenster und rieb sich unruhig die Hände, während er mit mir sprach.
Nur wenn er schwieg, sagte sie etwas, und wenn er nicht weiter wusste, fragte er sie.
Zwei Menschen, eine Seele, ein Team, ein Leben. Ihre zittrigen Hände griffen nach dem Portemonnaie
Er nahm ihre Hand und half ihr, die Münzen zu sortieren.
Sie nahm ein Fischbrötchen und bestellte ihm einen großen Teller Lachs mit Pommes frites.

Draußen im Hafen legt inzwischen ein großes Schiff an. Ein Schlauch wurde herübergereicht, und Eis zum Kühlen des Fangs floss in den Bauch des Kutters.
Die Sonne schien.

Ein guter Tag, bemerkte sie kurz.
Ja, es war ein guter Tag.

Der Messenger des alten Mannes vibrierte.
Er hatte Mühe aufzustehen, wollte sich aber nicht helfen lassen.
Seine Frau stützte ihn, und nun wollten die beiden meinen Teller abräumen. Es dauerte eine halbe Ewigkeit, bis er von der Essensausgabe wieder am Tisch war.
Das Restaurant war voll, aber sein Teller war leer. Was die hier für Kinderportionen ausgeben, beschwerte er sich.
Jetzt kann er verstehen, warum ich ihm am Anfang gesagt habe, dass ich nicht satt geworden bin. Sie strich ihm beruhigend über die Hand und das war irgendwie auch mein

Zeichen, dass es Zeit war zu gehen. Er war 88 Jahre alt und ich war sehr dankbar für diesen intimen Moment im Leben dieser beiden Menschen. Er hatte auch gefragt, ob es einen Taxifahrer gäbe, der die beiden noch einmal ins Berchtesgadener Land bringen würde. Für einen Tag, auf einen Kaffee wenigstens. Für 225 Euro hätten sie einen gefunden, aber dann doch nicht gefahren.

Ich hätte sie umsonst gefahren.

Gute Fahrt.

Da oben wird man dankbar sein, wenn du kommst.

42. | Auferstanden aus Ruinen

Die Verrückten, die Kranken, die lebenden Toten,
die Verlorenen, die Abgeschriebenen.

Traurige, triste, arme Geschöpfe.
Ihrer Seele schon gefunden.

Sie tragen schwer und gehen langsam
an ihrer Last zugrunde.

Klarheit und Erkenntnis zerstörten
Ihre kindliche Lust am Leben.

Sie rufen mich und ich höre ihnen zu.
Sie folgen mir und ich folge ihnen.
Sie greifen nach mir und ich reiche ihnen meine Hand.
Seelenblicke, wenn Augenpaare der Sehenden sich treffen.

Im Leid und Schmerz verbirgt sich alle Wahrheit.
Keine Fassade. Kein Glanz der verblendet.

Menschliche Ruinen.
Ihrer einstigen Schönheit beraubt.
Die schönsten Bauwerke, die es zu bewundern gibt.

Der Ohrensessel

Bei Ikea sitzt Du nie allein.
Fundgrube.
Hier steht er.
Dieser schöne, große Ohrensessel.
Von 199Euro auf 179Euro heruntergesetzt.
Er erfüllt seinen Zweck wunderbar.
Er schenkt mir einen Platz zum ruhen und ein Ohr.
Alleine steht er hier rum in seinem grauen Anzug.
Ob sich jemand seiner annimmt?
Oder wird er nur benutzt und dann wieder stehen gelassen.

Wenn es darauf ankommt, dann entscheidet sich alles.
Wer zeigt Einsatz.

Im Moment platziert sich mein Arsch auf ihm.

Kleine Kinderaugen, die mich anlächeln.
Paralleluniversum Paradies der Kindheit.
Ein verliebtes Pärchen.
Ihr Arsch ist so fett, dass sie X-Beine hat.
Sie halten Händchen.
Ob er Sie wirklich liebt?
Gibt es das?

Die Übelkeit in mir wird unerträglich.

Die arabische Großfamilie diskutiert über ein Bett.
Schönes Mädchen.
Unsere Blicke treffen sich.

Bin immun dagegen.
Clueso im Ohr.
Schreibt der eigentlich seine Texte alle selber?

Was mache ich hier?
Die Wiedergabe hakt.
Kein Empfang.
Der Typ mit Vollbart schaut mich traurig an, oder bin ich es
der einen mitleidserregenden Eindruck macht?

Auf meinem Ohrensessel.
Der einsame Sessel und ich.
Sicherlich ein rührseliger Anblick.
Wie wir zwei hier dahinaltern.
Es wird Zeit.
In 15 Minuten schließt der Laden.

Laufe wie auf Wolken und fühle dabei den Abgrund.

44. | Wünsche an das Schicksal

Wünscht euch etwas.
Wünscht es euch voller Demut.

Erwartet nichts.

Gebt den Alternativen eine Chance.
Haltet eure Augen und Ohren offen.
Seid bereit,
immer bereit.

Verfallt nicht in Gram.
Seid nicht zu gierig.
Denkt nicht, es kommt auf euch an oder zu.
Bleibt in Bewegung.
Wünscht euch das kleine Glück.

Es wird passieren.

Eure Wünsche und eure Gebete werden erhört.
Dem Tüchtigen, dem Gutherzigen, dem Dankbaren.

Dem der gibt, bevor er wünscht.

45. | Schiffe versenken

Voller Stolz den Platz erobert.
Wie ein kleines Königreich.
Suchende Alte und Junge.
Prinzen und Prinzessinnen.
Auf der Suche nach einem Thron.

Mein Platz, direkt an der Tür zur Toilette.
Kleiner Tisch, bester Blick.

Ein Graufisch erobert sich einen großen Tisch am Fenster,
ihre Krückenschwester kriecht auf die Bank.
Zwei junge Familien. Viele Kinder. Tiefe Augenringe.

Sie schaut mich an mit dem Blick, den nur Ehefrauen haben
können, die schon seit Jahren keinen hohen Wellengang
mehr gespürt haben.
Die andere ist schon versunken.
Ihr Körper und Ihr Radar haben kapituliert.

46. | Novembertag

An der Steilküste im Auto sitzen.
Die Wellen brechen mit voller Wucht gegen das Land.
Kiter haben den Kampf aufgenommen.
Einige verlieren, einige gewinnen den Kampf.
Lassen sich tragen und gleiten dahin.
Jeder in seine Freiheit.

Der Wind, der sie trägt, rüttelt an einem Auto.
Er wiegt mich wie ein Baby im Kinderwagen.
Ich kann die Kraft spüren und sie beruhigt mich.

Die Sonne kämpft mit letzter Kraft, schickt ihre erkalteten
Novemberstrahlen durch die Wolkendecke.

Ein schöner Platz.
Ein guter Novembertag.

47. | Begleiter

Aus dem Nichts und in das Nichts.
Die Menschen sind auch in Gesellschaft allein mit sich
und ihren innersten Gedanken.
Finden oberflächlichen Halt
in Momenten und Gesprächen.

Verlieren sich in der schönen Zeit,
die endlos scheint.
Finden neue Wege und Ansichten.
Einflüsse,
die von außen in uns strömen.
Geben uns Kraft
und nehmen sie uns.

Die Auseinandersetzung mit dem Selbst
ist der anstrengendste Teil.
Es gibt kein gut oder schlecht.
Alles ist zur selben Zeit,
in einem Selbst tief verborgen.

In der Hoffnung den Schlüssel zu diesem Ort
bei jemand anderen zu finden
geht man verloren.
Du bist und das ist gut.
Die Energie Deines Lebens.
In Dir.

Alles was zählt.

48. Parkplatz II

Brandenburg, das Land der Funklöcher, auf dem Weg nach Berlin, irgendwo in der Pampa. Auf dem Autobahnrastplatz hat der Kackstift schon wieder bunte Blumen in den Busch gemalt. Dauerregen und dementsprechend die Stimmung. Der gestrige Abend brachte seltsame Momente mit Menschen, mit denen ich mal befreundet war (oder bin?). Jemanden nach langer Zeit wiederzusehen ist schön, kann aber auch seltsam werden.Plötzlich hat sich so viel verändert, aus Singles sind Familien geworden. In solchen Momenten denkt man am meisten über sich selbst nach. Beim Erzählen merkt man, dass die meisten Dinge, mit denen man sich beschäftigt oder die einem oft so wichtig erscheinen, Quatsch sind. Ich hasste mich dafür, dass ich beim Erzählen über mein jetziges Leben in den immer gleichen Leidensgesang verfiel. Etwas bedrückt mich, ich bin nicht frei, frei von falschen Emotionen und Problemen, die keine sind. Wenn ich unterwegs bin, spüre ich das Leben und die Ruhe, die Freiheit, die Muse, die mich mit jedem Kilometer ein bisschen intensiver umarmt. Es zieht mich in diese Welt, und es ist wohl nur eine Frage der Zeit, bis ich sie endgültig betrete. Mein Charakter sucht wohl noch nach dem perfekten Eingang, anstatt einfach die nächste Lebenstür zu durchschreiten. Am liebsten würde ich auch erst einmal durch das Schlüsselloch schauen, wie die Welt dahinter aussieht.

Ich hoffe, dass ich eines Tages einfach losziehen kann, ohne Ziel und ohne Grund. Es gibt noch so viele Rastplätze zu entdecken und zu beschreiben. Ein Auto mit dem Nummernschild aus der alten Heimat hält vor mir. Ein klares Zeichen zum Weiterfahren. Wer stehen bleibt, wird unweigerlich von der Vergangenheit eingeholt.

49. | Kurznachrichten

Frauen sind wie gute Musikstücke.
Man verliebt sich. Kann nicht genug bekommen.
Die wenigstens aber kann man sich.
Jahre später noch.
Anhören.

Der Sinn des Lebens kann Menschen verrückt machen.
Ich hoffe, nur wenige begeben sich auf die Suche nach Ihm
und das möglichst viele ihn nicht finden.

Wenn man die Liebe unterschätzt,
verliert man sich in der Zeit.

Kluge Entscheidungen sind meist nicht von besonders
romantischer Natur.

Wenn das Erlebnis selbst nicht den Besucher lockt, füttere
sie nicht mit Lockmitteln.

Mit Dir kann man nicht träumen und die Segel setzen, an
Dir hängt ein Anker, den Du nicht bereit bist loszulassen.

Du arbeitest in der richtigen Zeitzone, wenn Du keinen
Wecker oder Kaffee brauchst.

Leben ist tödlich.
99 % aller Menschen sterben vor dem 100. Lebensjahr.
Überlegen sie es sich gut, ob sie das ihrem
ungezeugtem Kind wirklich antun wollen.

Eppendorfer Frauen sind gut zu hauen.

Wer schluckt, der liebt.

Die besten Mitarbeiter fürs Leben findet man
zwischen den Zeilen.

Worte, so schön wie ein ganzes Orchester voller Schmetter-
linge.
Taten so bitter wie die Raupen aus denen sie nicht schlüpfen
wollen.

Mehr ist weniger als zu viel.

Du musst erst einmal jemanden finden, der Dir das Gefühl
gibt, dass Du die Zügel in der Hand hast, während Du gerit-
ten wirst.

99. | Outro

It is what it is what it is und nicht mehr als das.
Durchziehen. Zum Ende kommen.
Das Ende war das Ziel und ist der Anfang.
Nicht mehr und nicht weniger als das.

Ich danke allen, die mich auf diesem Weg begleitet haben.
Vom Bordstein bis zur Skyline wäre vermessen, obwohl der
Vergleich in vielen Punkten den Kern trifft.

Sich selbst zu finden ist eine Reise.
Sie beginnt in der Mitte des Lebens und endet mit dem Tod.
Welch ein Abenteuer das doch alles ist, mit einem Lächeln
diese Zeilen zu schreiben und etwas zu vollenden.
Es ist auch eine Erlösung.

Ein großer Dank an meine Begleiter des letzten Jahres:
Flo, Horst, Juli, Alex, Schneidi, Laura, Simone, Karo.
Dem Team der Bretterbude in Heiligenhafen,
im besonderen Hanna.

Der Kosmos weit größer als das Bewusstsein.
Jeder Kopf eine Galaxie für sich.

— 100

Nächster Teil der Serie:

Karl Fellmer
CUENTOS DEL CUERVO

www.karlfellmer.de